先生之風

郭廷以、王德昭、王叔岷、劉殿爵、淩叔華等名家群像

王爾敏 著

自序

近數年來思考打消寫回憶錄之念。但生平蒙受師長教誨、垂顧、提攜、護持，實不能不寫出受恩之經歷與感念。本小書重點，即實現此一構想，傳示世人供為觀覽，以見及今代師道醇厚，實亦個人成長與學問之提升，而得見其淵源背景，勢不能不留下紀錄。本書所載大小十六篇憶往文章，自是全在此一宗旨。

我之決計不寫回憶錄，基於承認我生平可取以資他人參考者，俱在於學問建樹一個方面。我之學術專論著作已問世者有二十四種，將來尚準備再出一種。我所編輯之重要史集已有十四種，將來或可成一、二種史料。故在學問上史學之貢獻應是遠在史界中之前列，非自詡也。

我雖治學有術，而治事無能，應世大多失敗，徒增悔恨。我是意志薄弱，優柔寡斷，常受他人欺愚玩弄。即是我一力在中文大學教書編書，亦有向校長告訐我，亦有插手侮弄我之編書。實際不足以傷害我（校長支持），並尚有造言中傷，使朋友懷疑。凡此實無必要再提，實不值寫出來，只有我妻子一人得知如此齷齪之事。一切俱成過去，別再提起算了。

本書記敘我的十餘位師長，固不得謂詳備，而感承獲益蒙愛之點滴，仍可說是未足答報，至我老年，尚能記憶疏於禮數之愧恨。

此書俱言長輩，而隨思及先慈王太夫人，亦吾欽敬仰承之慈母。既決定不寫回憶錄，將無法論家教、家業，誠不得已而略陳述於此序之中，祈求讀我書者容許我之逾越，曲諒我之私心。

我自一九九七年退休之後，回憶先慈自幼撫養教訓，卻始終不暇於檢敘身世家教。曾作一篇〈敗家實錄〉，若不寫回憶錄，即無法呈現如此之文，恐此生亦未能下筆寫成，不得已乃想於此序中一述先慈。

先父王家楨，字棟臣，前清同治十三年（一八七四）生於故鄉河南省周家口，於民國二十七年（一九三八）在故鄉辭世。先父一生娶妻四次，皆為正娶，蓋前者亡故而繼娶填房。先慈王氏來歸，先父已五十餘歲。而家中早有六女，已五女遣嫁並生子女，僅吾六姊在吾幼年之時方出嫁。六姊實深愛吾母子也。

先慈生吾與兩妹一弟，撫育我兄妹弟頗致辛勞。先慈雖不識字，而能識大體明大義，教誨吾兄妹弟從不打罵，以醇愛誘善，以訓戒示警。尤其先父六十六歲辭世，寡母撫育教訓兒女，甚是辛勞。父歿吾方十餘歲，弱弟方三歲，俱仰先慈操勞持家，教吾輩成人。吾此生體氣之成長，讀書之進造，皆先慈身教言訓所促成也。仰念母愛，此生未嘗忘也。惟恨少年離家，一生未敬養慈母，不孝之罪何可逭也。吾彌老思之，痛愧難安。

吾因國共內戰，於民國三十七年（一九四八）離家，與先慈訣別，慈母徹夜不能眠，相告在外必有貴人相助，務須珍惜生命，保重身體，受到慈母之言，吾亦終身未忘。於今草草寫入本文，皆血淚之積也。望識者令我宣白吐訴，萬萬不能報先慈撫育之恩也。

吾抱持母訓，奔走衣食，果能得遇本文所寫之諸位師長，實皆先慈所謂之貴人也。出此小書，在記師道之厚重，亦暴表慈母之遺訓。作此小序，無從弭我不孝之罪責，做人為學，焉敢不誠。心實碎矣，文字語言不能明喻矣。

本書承門人劉德美教授詳加校訂，並承學長陳三井教授推薦出版。

中華民國一〇二年（二〇一三）九月九日寫於多倫多之柳谷草堂

目次

中國古代師道典範與尊師規儀

公元八世紀唐代大文豪韓愈已在慨歎說：「師道之不傳久矣。」而古代之師道如何，古人知之，都是文獻散亂，除韓愈提示，並未作更多申述，很值得加以追考。唐代已有人慨歎師道不傳，一千二百年來之師道，卻只能看韓愈之點明：師者所以傳道、授業、解惑也。想來其後一千二百年來之師道，大約不外是韓愈所定調。鄙人讀初中國文課，曾記誦韓愈此篇〈師說〉。當知自唐以來，千載諷誦，實為全國知書者共喻共信之師道，雖追不上前古，則仍為代代學人所信守。然唐代以前之古時，其師道如何，自是今世求知應加察考辨明，以確知不傳之師道有何不同？

進一步言，今時自二十世紀末期以來，在港、台兩地，真可說是師道已至敗壞地步，但凡教育主政，大學校長相率不講師道，而中小學教師更是不受尊重，師不能嚴，道亦難尊。二十世紀以來，累積已有百年，種瓜得瓜，種豆得豆。種因積累，而有今時教育之敗壞，情事複雜，人心險惡，真是一言難盡。學生程度降低已二十餘年，真不知伊於胡底？今撰此文無非檢點上古遺意，信與不信，一概由人。綜敘前史，乃個人天職，挽救人心，亦不敢貪天之功。惟祈識者採擇焉。

古人智慧不低，卻是很講究師道，十分認真，也相當用心。因是關於上古師道之尊嚴，立學之體制，傳藝之過程，修業之考核，亦多留有詳備之申理與解義。可分見於先秦兩漢儒、法、兵家、雜家之書，值得滙為參考。

古人言師教傳藝，專門論說，則〈學記〉最為精要明確，後世奉為典要。其文闡述深細，今只略舉有關師道者，以見梗概：

> 君子知至學之難易，而知其美惡，然後能博喻，能博喻然後能為師；能為師然後能為長；能為長然後能為君。故師也者，所以學為君也。是故擇師不可不慎也。記曰：三王四代唯其師。此之謂乎。
>
> 凡學之道，嚴師為難。師嚴然後道尊，道尊然後民知敬學。是故君子所不臣於其臣者二：當其為尸，則弗臣也；當其為師，則弗臣也。大學之禮，

雖詔於天子，無北面，所以尊師也。[1]

上引〈學記〉之後段文字，又可見之於《韓詩外傳》，與小戴《禮記》同為西漢時代選自古禮經之故說，當知為漢文帝以前早已流傳，自是戰國以來之學說。[2]

何以敢上溯至於戰國，若二書俱言天子召不北面，所以尊師也。其前代識見，可以推至《孟子》書。蓋紀元前四世紀，已為子思、孟軻所堅持，故孟子有言曰：

為其多聞也，則天子不召師，而況諸侯乎？[3]

孟子所言，實在戰國有各家相近之通識，亦並有相傳之史例。在此可先舉《太公六韜》之所言：

1 王夢鷗註譯，《禮記今註今譯》，台北，商務印書館，一九七七年第五版，頁四八四，〈學記〉。按，鄙人大學一年級時，陳致平師為我等選講《禮記・學記》、《荀子》勸學篇、修身篇，共三篇，逐句講解讀誦。此我大學受教之基礎也。

2 韓嬰著，許維遹校釋，《韓詩外傳集釋》，北京，中華書局，一九八〇年印，第三卷十六章文句，頁九十九。

3 楊伯峻注，《孟子譯注》，香港，中華書局，一九八四年印，頁二四八，萬章章句下。

文王問太公曰：守國奈何？

太公曰：「齋，將語君天地之經，四時所生，仁聖之道，民機之情。」

王齋七日，北面再拜而問之。[4]

先秦各家，在廣泛效法周文王北面問師以待呂尚之外，尚有魏文侯故事，亦為尊師敬賢之先例。其說兩見於《呂氏春秋》，茲舉其中一則：

孟嘗君問於白圭曰：魏文侯名過桓公，而功不及五伯，何也？白圭對曰：文侯師子夏，友田子方，敬段干木，此名之所以過桓公也。[5]

在世人識斷之中，若周文王、魏文侯賢明之主，其尊師重道典例，自是備加稱譽，但重點更在於古代之傳布頌揚，而形成普遍尊師風氣。

---

4 鄭利群、鄭京注，《六韜譯注》，西安，陝西人民出版社，一九九二年印，文韜，頁二十二。

5 張雙棣、張萬彬、殷國光、陳濤譯注，《呂氏春秋譯注》，長春，吉林文史出版社，一九九三年印，頁六九七，舉難篇。

自戰國以來，碩學鴻儒，進而發揚崇重師道信持，終而形成託古立說，託前古聖王尊師先例，以至擴大增飾宣揚，今日估計，想必俱出於託古立說。願舉《呂氏春秋》所載，以供考察：

堯不以帝見善綣，北面而問焉。堯，天子也；善綣，布衣也。何故禮之若此其甚也？善綣，得道之士也。得道之人，不可驕也。堯論其德行達智而弗若，故北面而問焉。[6]

此條足以說明帝王之尊師，直須北面而敬事長者以為求問言教。正可顯見師道之尊嚴，古代聖王已身行實踐，形成上古共喻典範。

上古典例擴大流傳，遂有古代列王十六人尊師之流傳記載，自神農、黃帝、顓頊、堯、舜、禹、湯、文王、武王等古帝王之尊師故事，收載於《呂氏春秋》尊師篇，最能反映古人尊師道禮儀之信持。[7]傳布之久，可以見到東漢末年王符之《潛

6 張雙棣等注，《呂氏春秋譯注》，頁四五五，下賢篇。
7 張雙棣等注，《呂氏春秋譯注》，頁一〇二，尊師篇。

夫論》，載於其書讚學篇。引故志稱揚黃帝以來歷代聖王之從師並存師尊之名，有近於《呂氏春秋》尊師篇。[8]

想來自紀元前四世紀孟子之言，以至紀元後三世紀《潛夫論》之傳述，相沿七百年之久，表現古人之崇重師道，講求尊師，當是歷有宣說，不勝枚舉。尤其《呂氏春秋》尊師篇，其文字標明尊師二字而加以解說者有數端之說，皆可覆按。尊師一篇，即足以代表上古時代之師道理趣。雖是列舉先聖前王故事，但後世亦實有循行其禮者。如西漢開國大將韓信即有此表現。可舉《史記》所載，以為參證：

有解廣武君（李左車）而致之戲下者，信乃解其縛，東鄉坐，西鄉對，師事之。[9]

8 漢，王符著，清，汪繼培箋，《潛夫論箋》，北京，中華書局，一九七九年印，頁一，讚學篇。

9 司馬遷著，瀧川龜太郎考證，《史記會注考證》，卷九十二，頁十六，淮陰侯傳。

其時原在紀元前三世紀，為韓信攻破趙國而捕獲李左車之事。雖李為階下囚，而韓信重其學識，亦仍奉以師尊之禮，虛心求教。顯見古人尊師習慣。

談到此，要進一步省思，古聖作為，可言其故事，論其用心。惟在中古韓愈之前，上古是否早有師道之學說言論？又是否值得後世追隨遵循？既論前古，勢須詳加解說。茲願進而演論上古相傳之師說。

古代言師道，比後世更多樣豐富，較早之論，出自《荀子》書。提示四項師道原則，可參考如下：

師術有四，而博習不與焉。尊嚴而憚，可以為師；耆艾而信，可以為師；誦說而不陵不犯，可以為師；知微而論，可以為師；故師術有四，而博習不與焉。[10]

荀子在戰國已是與孟子齊名之儒學大師，曾遊齊國稷下學宮，三為祭酒。觀

10 王忠林譯註，《荀子讀本》，台北，三民書局，一九七二年印，頁二二三。

其上舉所言為師之道，明言博通學問，不入所重之列，亦即指傳道、授業、解惑之教，不能視為師表崇高條件。以見傳授知識不過是枝節之入手功夫而已。後世之言師道者，其氣度，其節操，其信持，其風範，不能望其項背。

又在西漢前期，經學家韓嬰亦為師道申述要義，可舉如次：

> 凡學之道，嚴師為難。師嚴，然後道尊。道尊，然後民知敬學。故太學之禮，雖詔於天子，無北面，尊師尚道也。故不言而信，不怒而威，師之謂也。詩曰：日就月將，學有緝熙于光明。[11]

西漢韓嬰是經學博士，自文景以至武帝，已是一代鴻儒，為詩學一派所謂韓詩與齊詩、魯詩俱是官學正宗。所提師道理說，亦自足上追荀子，代表儒家師道傳承，令人推見上古崇重經學宗師典型。

---

[11] 韓嬰著，許維遹校釋，《韓詩外傳集釋》，北京，中華書局，一九八〇年印，頁九十九。

反過來自求學問道這一端來看，自然要求尊師重道，古人用心至廣，不俱倚重書本知識，亦並不限於讀誦治學，古人有見，竟亦廣涉農耕、漁獵、圃藝、織績、網罟、駕御、烹飪、釀造、器皿、用具等等，俱求問尊師。古人之書，要以《呂氏春秋》最為詳備，有尊師一篇，可供參考，茲舉其相關重點，以備參證：

> 生則謹養，謹養之道，養心為貴；死則敬祭，敬祭之術，時節為務。此所以尊師也。
>
> 治唐圃，疾灌寖，務種樹；織葩屨，結罝網，捆蒲葦；之田野，力耕耘，事五穀；如山林，入川澤，取魚鱉，求鳥獸。此所以尊師也。
>
> 視輿馬，慎駕御；適衣服，務輕暖；臨飲食，必蠲絜；善調和，務甘肥；必恭敬，和顏色，審辭令；疾趨翔，必嚴肅。此所以尊師也。
>
> 君子之學也，說義必稱師以論道，聽從必盡力以光明。聽從不盡力，命之曰背；說義不稱師，命之曰叛。背叛之人，賢主不內之於朝，君子不與交友。[12]

12 張雙棣等注，《呂氏春秋譯注》，頁一〇三，尊師篇。

據此可見古人師道之義，包羅寬廣，不當誤以為只是在讀書誦習之窄狹領域。後世對古人實多有誤解，興言遂不中肯。

古人重師道，故凡對敬重之師長，多取一定稱呼，形成古今定例，沿承久遠。世人風習亦成通行慣例。但仍值得在知識上，找出可信之依據，甚願簡釋於次，以曉其名義。

其一，西席。

西席之位，相傳早創於周文王之尊太公望。前面引《太公六韜》則言文王北面敬事太公，較西席尤尊。今可舉春秋時齊桓公之對待管仲及隰朋，見之於劉向《說苑》：

> 正月之朝，令具太牢，進之先祖。桓公西面而立，管仲、隰朋東面而立。桓公贊曰：自吾得聽二子之言，吾目加明，耳加聰，不敢獨擅，願荐之先祖。[13]

---

13 漢，劉向著，趙善詒疏證，《說苑疏證》，上海，華東師範大學出版社，一九八五年印，頁一八。

劉向之書，多存上古流傳史事紀錄。紀元前七世紀故事，多能追補《左傳》、《國語》之流緒。此處則能見及古諸侯故事尊師之禮。

對於西席之用意，東漢初王充曾作明確申釋，引舉以供參證：

夫西方，長老之地，尊者之位也。尊、長在西，卑、幼在東。尊長，主也；卑幼，助也。主少而助多，尊無二上，卑有百下也。[14]

後世傳習至今，凡對於師位，俱稱西席。

其二，先生。

禮敬師長而稱先生，早已見於戰國時代，最早當見於《管子》書，漢人應劭著《風俗通義》引管子說。引舉以證：

管子云：先生施教，弟子則之。非知古之道，是師者之稱。諸生，弟子，學

14 漢，王充著，《論衡注釋》，北京，中華書局，一九七九年印，頁一三二六。

者非一，故曰諸。先生者，當如醒，學者譬如醉，言生俱醉，獨有醒者。[15]此一典源，指出先生者乃先具獨醒之人也。此在西漢初期，同時有兩個不同人物具同一觀點。先舉文帝時賈誼之言：

> 懷王（梁懷王劉揖）問於賈君（賈誼）曰：人之謂知道者先生，何也？賈君對曰：此博號也。大者在人主，中者在卿大夫，下者在布衣之士。乃其正名，非為先生也，為先醒也。彼世主不學道理，則默然惛於得失，不知治亂存亡之所由，忳忳然猶醉也。而賢主者，學問不倦，好道不厭，銳然獨先達乎道理矣。故未治也知所以治，未亂也知所以亂，未安也知所以安，未危也知所以危。故昭然先寤乎所以存亡矣，故曰先醒，譬猶俱醉而獨先醒也。故世主有先醒者，有後醒者，有不醒者。[16]

15 漢，應劭著，吳樹平校釋，《風俗通義校釋》，天津人民出版社印，一九八〇年出版，頁四一六，《風俗通義》佚文。

16 漢，賈誼著，吳雲、李春台校注，《賈誼集校注》，中州古籍出版社，一九八九年印，頁一九九。

此段語詞重要。賈誼明言指出「先生」之意「非先生也」。蓋不在於年歲之在先，而實先於他人醒覺之謂也。後世當無可質疑。

同在西漢初年，尚有經學家韓嬰對於先生之詮釋，可以比觀而更能確知其含義：

問者曰：古之知道者曰先生，何也？曰：猶言先醒也，不聞道術之人，則冥於得失，不知治亂之所由，眊眊乎其猶醉也。故世主有先生者，有後生者，有不生者。[17]

韓嬰提示先生含義，在於先醒，又附列後醒、不醒等義。本文只引其界說，實韓嬰接著舉證楚莊王、宋昭公及郭公三位古人事蹟以為先生、後生、不生之實例，似此無須直引，而能見韓氏主旨，則可信古人共喻之通識。惟關於「先生」稱謂之詞，古籍中出現甚多，最早者有《論語》及《莊子》二書所載，俱未於詞義有所申解，故不在此引用。

[17] 漢，韓嬰著，許維遹注釋，《韓詩外傳集釋》，頁二一三—二一六。全文只錄前節可用者。

其三，師門。

師門一詞後世沿襲，要以清代最常用直延至於今時。但在上古並不多見，漢代說五經博士，俱以師名定家派，如《尚書》之歐陽、大小夏侯，《春秋》之穀梁、公羊、左氏、鄒氏、夾氏，《禮經》之大戴、小戴、慶普，《易經》之施孟、梁丘、費氏、京房，《詩經》則有韓、毛，俱可見經師之地位崇高，正見學問門派之分野。惟尚難見師門稱謂，但可見於東漢初王充有所提示。

> 不入師門，無經傳之教，以郁樸之實，不曉禮義，立之朝庭，植笮樹表之類也，其何益哉！山野草茂，鈎鐮斬刈，乃成道路也。士未入道門，邪惡未除，猶山野草木未斬刈，不成路也。[18]

於此略見師門之譬解。

[18] 漢，王充著，《論衡注釋》，北京，中華書局印，頁七〇九。

其四，教授。

我人所知先秦自無教授一詞之使用，然亦可見於教授之記載，在此不遑辨解明清以降之不同含義，只論其早時形成，自仍是在於漢代經學傳授從師學藝而派生教授一詞，只是稱呼，並非職司，漢代博士是職分，教授為習稱，後世教授屬教官，博士是學位。前後俱非同義。自無淵源傳承，可以不論。惟東漢王充諷論漢代學者經師，一一提出不同稱謂，雖有關學術，卻不必一概引述於師道問題，在此只舉王充所引稱教授一詞：

> 通書千篇以上，萬卷以下，弘暢雅閑，審定文讀，而以教授為人師者，通人也。抒其義旨，損益其文句，而以上書奏記，或興論立說，結連篇章者，文人鴻儒也。好學勤力，博聞強識，世間多有；著書表文，論說古今，萬不耐一。[19]

---

19 《論衡注釋》，中華書局印本，頁七七七。

其五，夫子。

在稱師長名謂，自古今來，要以稱夫子為最準的。比之其他之詞，創生最早，應用最廣，最為單純明確，詞意久無變化，迄今仍在行用，甚值世人行用勿疑。早在孔子時代，已是常稱，《論語》一書，出現數十次，願舉一條以為參證：

顏淵喟然歎曰：仰之彌高，鑽之彌堅。瞻之在前，忽焉在後。夫子循循然善誘人，博我以文，約我以禮，欲罷不能。既竭吾才，如有所立卓爾。雖欲從之，末由也已。[20]

看來夫子之稱謂，應是古今學人始終一致之對師長之稱呼。最精純而持久。相對而言，面對師門這一邊是弟子，是受業。此二種配合師道，創生亦為時甚早，弟子一詞，廣見於《論語》與《孟子》書，在此可勿舉示。而受業一詞，不見於《論語》、《孟子》之書，卻能見於《莊子》與《管子》二書，故為時亦在先秦，只是

---

20 楊伯峻譯注，《論語譯注》，北京，中華書局，一九八〇年印，頁九〇，子罕篇。

略晚於《論語》、《孟子》。茲先舉《莊子》書中所見受業一詞。《莊子》漁父篇述及孔子遇見漁父故事，可採其相關之記載，有孔子對漁父之求請，以為受業：

孔子又再拜而起曰：今者丘得遇也，若天幸然。先生不羞而比之服從，而身教之。敢問舍所在，請因受業而卒學大道。[21]

《莊子》敘述人事，雖多託於寓言，而所用文詞表達，自是當年世人通習，自可確信受業一詞，已是用於弟子之向師門之自稱，自無可疑。

另一詞旨來源，出於《管子》書，表達受業弟子，從師規儀，有具體守則必循，甚值參考：

受業之紀，必由長始；一周則然，其餘則否。始誦必作，其次則已。凡言與行，思中以為紀，古之將興者，必由此始。後至就席，狹坐則起。若有賓

21 歐陽景賢、歐陽超譯，《莊子釋譯》，下冊，湖北人民出版社，一九八六年印，頁三九九。

客，弟子駿作。對客無讓，應且遂行，趨進受命。所求雖不在，必以反命，反坐復業。若有所疑，奉手問之。師出皆起。[22]

《管子》書中，收有〈弟子職〉一篇，純為奉侍師長，受業從學之門弟子規矩，所定詳細明確，自為先秦師道重要文獻。學者多視此一文獻應是齊都臨淄西門稷下學宮之學則。而收入《管子》書中，保存先秦重要史料。

〈弟子職〉一篇，旨純而義明，簡約而周備，正是一種學則形式。很具後世參考價值。茲舉其開首前序，即可知是上古師教之學則。可舉示其言：

先生施教，弟子是則。溫恭自虛，所受是極。見善從之，聞義則服。溫柔孝悌，勿驕恃力。志毋虛邪，行必正直。游居有常，必就有德。顏色整齊，中心必式。夙興夜寐，衣帶必飾。朝益暮習，小心翼翼。一此不解（懈），是

22 趙守正注，《管子注譯》，下冊，南寧，廣西人民出版社，一九八七年印，頁一七〇，弟子職。

謂學則。[23]

此處原文明指學則，我等後生學者，自可確信無疑矣。其中規定約法甚詳細，足可垂式千古。

迴觀上古傳說，歷舉大師之輔教帝王成百世勳業，其著者而有伊尹、呂望、管仲、孫叔敖。假託前古又不下十餘人，自足以見師道表率。然實質傳道授教，作育英材，其於後世有深遠影響，自上古合計，仍推孔子為萬世師表。在古代早成定識。閱《呂氏春秋》尊師篇，當見孔子為師者自許之詞，自奉之志。可供為師者之參考採擇：

故子貢問孔子曰：後世將何以稱夫子？孔子曰：吾何足以稱哉？勿已者，則好學而不厭，好教而不倦，其惟此邪。[24]

23 趙守正注，《管子注譯》，下冊，頁一七〇，弟子職。

24 張雙棣等注，《呂氏春秋譯注》，頁一〇四，尊師篇。

對照孔子所言後世之為師長者，實當虛心奉為圭臬，體會聖者之情懷。

所舉子貢是孔子最稱賞之門人，所謂賜也聞一知二是也。而子貢之崇仰孔子，亦見於漢初儒生韓嬰之所述故事，願舉示以供參閱。

齊景公謂子貢曰：先生何師？對曰：魯仲尼。曰：仲尼賢乎？曰：聖人也，豈直賢哉！景公嘻然而笑曰：其聖何如？子貢曰：不知也。景公悖然作色曰：始言聖人，今言不知，何也？子貢曰：臣終身戴天，不知天之高也。終身踐地，不知地之厚也。若臣之事仲尼，譬猶渴操壺杓，就江海而飲之，腹滿而去，又安知江海之深乎？景公曰：先生之譽，得無太甚乎？子貢曰：臣賜何敢甚言，尚慮不及耳。臣譽仲尼，譬猶兩手捧土而附泰山，其無益亦明矣。使臣不譽仲尼，譬猶兩手把泰山，無損亦明矣。景公曰：善！豈其然？善！豈其然？[25]

25 許維遹集釋，《韓詩外傳集釋》，頁二八六。

中國講求師道有長久歷程，有諸多史證，有崇高前徽。孔子為萬世師表，且亦代表中國文化儀型。是受到世界各國尊仰，中國人之成為世界性偉人者，多出自古代。孔子、老子、墨子、莊子、孟子、荀子俱出於先秦，後世不能望其項背，亦必然提升中國在世界上之聲譽。國人應加自愛，不可妄自菲薄。師道傳承，維繫學術開拓發展，正是此中管鑰。

吾出身師範大學，又生平任大學教職三十餘年，兢兢業業，勤懇授教，終恐失職。自不精進，何以教人，不斷躬自反省，以期不負所學。吾讀《鹽鐵論》見其能代道吾之任教心情。所謂：「夫善歌者使人續其聲，善作者使人紹其功。」[26]吾之施教，正盼門人弟子能繼承吾之所學，此古今師道所必持之心願。

[26] 王利器校注，《鹽鐵論校注》，上冊，北京，中華書局，一九九二年印，頁九四。

附記

兩年前吾屆八旬，門人弟子計為鄙人徵輯祝壽論文集以資紀念。吾自樂觀其成。經諸學弟推宋秉仁棣總司連繫編排工作，亦邀及吾之好友旅美史家龐百騰先生加入提供文章。推劉德美學妹任主編，並推李金強、周昌龍、張壽安、盧胡彬、龐百騰諸學友任編輯委員，徵集各地菁英學者，共襄盛舉。經於今歲（二〇〇九）七月刊印問世，篇幅達五百餘頁。文章琬琰，琳琅滿目，真是美不勝收。當吾垂暮之年，能獲門弟子及好友之愛戴，深感欣悅慰藉。惟當自勉自勵，盡一己棉薄之力。

吾撰此文，非一時即興所定。近因自是在回報門生好友之熱心草撰論文，為鄙人作祝嘏之盛情，也要做一短文，以文會友，有唱和之作，聊表鄭重答禮。豈可默不作聲，覥顏領受。我亦回思自己如何憶念恩師。因是今年三月寫成〈悼念國學大師王叔岷夫子〉一文，又於本年九月草成〈郭廷以先生一手範鑄近代史南港學風〉，此兩文亦尚可使門弟子俱知我亦尊師重道。

在此亦當順便透露我寫文章，像是很能趕工。此文寫寫停停俱九月下旬至十月尾之工程。我那能快速看十幾種書？實際百分之百是使用往日時所抄卡片，排好次序，就可順利寫成。此類卡片實早在十年前一九九〇年至二〇〇一年抄成，是以寫來可以順利完稿。但抄卡片是笨方法，是早自我進入近代史研究所即已開始，但早時所抄雖多，百分之九十以上俱要丟棄，而後來至今，所抄卡片反有百分之六十有用，百分之四十可作備用，全在於識力之長進也。順告世人努力向學，要像先師孔子好學不厭，誨人不倦。

二〇〇九年十月三十一日寫於多倫多之柳谷草堂

重道與尊師

中國在古代完成輝煌文化，民族壯大統一，足以維繫數千年之久。其中一個重要的形成因素，就是中國教育制度完成最早成就很高。教育方法進步，人才出產快速。這話講來輕鬆，但在古代累世經驗，不知耗了多少聖賢傑士的心血智慧。

中國自古創立教育方法，以至二十世紀的充分西化之前，其中數千年間，全是個別教育，因材施教。當然這種方法在今日西化制度中已大受淘汰，只剩下研究生還保留部分個別教授方法。同時在普及教育思想之下，個別教育勢難實行。就今日來說，於情於勢於理均無法繼續個別教育。

不過到了大學生階段，學生智慧成熟，如果仍用大班劃一講演方法，把學生一起按在固定模子中範鑄，未知我們的教育家曾思考到其嚴重性的後果沒有。

我們的大學像招兵，大班制度，多多益善，師生難於個別接近，學生智慧成熟，未必全受形式約束，每人自有主觀成見，動機十分複雜。有者掛一名字為求大學資格而來，只望考試通過，哪願常坐教室聽道，於是形成所謂蹺課習慣。有者一入學校就抱定出國留學，希望獲得高分，又不太肯費力，於是專選便宜課程，廉價老師，以求取營養分數。有者花錢豪濶，量出為入，拚命兼差，不顧學業，根柢雖深，智慧雖高，也是白費光陰。有者所學不多，而習氣已深，識未養成，而議論橫生。一時名士派、學者派、天才派、公子哥兒派，紛紛出籠，高視闊步，各擅其勝。老師教什麼課也全不在乎眼中。他們凡此所為一切行動，都有一番道理，一套說詞，足以自我陶醉，自鳴得意，其實則真正是自欺自愚。

教大學生，不但要法力無邊，而且要具備菩薩心腸。有降魔能力，並須發慈悲心願，拯救眾生。所需法力，在於學問修養。這是首要條件。一個時期，如果讓學生猖獗狂肆，輕慢師長，這是教師最大恥辱，這當起於不重道的緣故。教師必要檢討，自己學識才能夠不夠教導學生，課程能不能勝任愉快。對於教課必須具備豐富知識。任意承擔課程，自為學生所輕。所欲使人重道，乃在道已夠重，又豈畏外力搖撼。最重要本身專業條件必須具備。這是包括廣博的學識，堅實的著作，卓越的識見，以及課程內容的充實。故而研究論著必須常有刊布，所授課程則須每年增新，或作一定改進，對於各家解釋，既須辨明優拙，亦須綜合應用，如此講來，學生自服，焉敢有所輕視。如果不做研究，所為道者，憑何而見，重心已失，自無怪為人看輕了。

教授子弟要有慈悲心腸。須知超渡凡庸使成正果，不是一件易事。一批頑童，包括一些大學生，都不免頑皮難教，自命不凡。教師必須認識學生，自然以個別教育為最佳，如不能個別了解，另求設法，則只有陶鑄一班風氣。培養風氣，是繁難而艱鉅的工作，卻並非做不到，這需要教師花費心血智慧，從事設計並加以陶鑄。時時鼓勵提倡，自然會加速生效。大學生領悟力高，聞一知十，容易接受暗示。如果信任老師學識品德，最易信仰崇拜。其影響既直接又深刻，言論立場，學問志趣，均會風從同一宗旨。甚至人生態度，處世治事之法，癖好習氣，也要樣樣追摹。一班風氣既成，知所趨向，好惡是非分明，個人在其中薰陶，自然會收到教育鑑戒的效果。

學風的培植，目的在開創獨特風格，第一要務就是萬萬不能追逐時髦，一任現勢潮流所左右。根據自己的真知灼見，確定一貫立場，任他外界風氣若何興盛流行，緊掌穩舵，高瞻遠矚，眼望未來，領導學生，衝破時潮巨浪。可以看到浪頭泡沫此沈彼浮，即足證明為時髦犧牲是如何的可憐可悲了。

學生視教師為南針、為燈塔，教師一言一行，都會奉為圭臬。如果言詞支吾，態度猶豫，必使學生信心動搖。如果顛三倒四，前後矛盾，將更招致學生輕視，自無從建立信仰中心，也休想創立甚麼像樣的風格。不過有一個風氣，也許會被形成，就是競相投機取巧。

使學生自由論道，是極佳的誘導。但要嚴格表明，學生必須真誠重道，並要尊師。這固不必道貌岸然裝出滿腹經綸的樣子。而彼此對學問的敬慎嚴肅，實是最起碼的條件。否則儘早把這種學生趕開，以免白費心血和光陰。

現時師道蕩然，必須挽救。不過道不重則師不尊，挽救的起步必須先由老師自身嚴格的要求做起。也就是先求得重道。重道之法，略如上述，而用心探討，將可從各方面入手。現在說一句為了下一代彼此多多警惕的話，那就是：我們這些教書先生應該努力多識些字。因為除了中文系出身之外，大多數人已經把識字看成無關緊要了。這種嚴重情況，已經達到教授與作家這一階層。雖然大家心裡明白而不願說，但必終有一天會被後人揭出來徹底檢討。

民國六十七年六月三日寫於海山韜影之廬

（原載《中國時報》，人間副刊）

紀念河南教育家立法委員朱紀章先生

我是朱紀章先生所創立幾所中學的小門生。本來他是河南老鄉長，又是我中學時代老校長，而只不過如此淺淡關係，在其門生故舊、政、黨、鄉、學之人生機緣之網絡上，太倉一粟之微。對此老鄉長不具發言身分與資格。重要關鍵更在於來往不多、相知不深，很感到無話可說。老校長雖是久任立法委員，生平實心任事，勤謹自約，於同僚中，惟盡辛藎，決無展露才幹，乃至其名與行事，少有知者。而今世變代嬗，我輩後生亦至垂老暮年，朱校長勢將湮沒無聞，實不免瞻顧低徊，欲一挽纖縷記憶，聊存老校長點滴身世，以備後世之憑弔。

朱紀章先生字修庭，河南鹿邑人，讀北京大學外文系，經朱先生親口相告，民國八年（一九一九）五月四日之學生運動，朱先生在學生之中乃是爬牆跳入曹汝霖宅之第二人，並手持長竹桿進曹宅。朱先生並即表示前有一人翻牆跳進曹宅，自亦縱身翻牆爬進。並慨歎世無人知，當文家胡亂寫來，竟成信史，頗覺可笑。此事為五十年代余已在近代史所任職之初。得與朱夫子親接交談者，卻直到今時方予暴表。

有關五四之運動，吾已早表個人思辨觀點，不在此涉談。惟吾須順提另一業師孫德中先生，係一九五〇年吾在大學之三民主義課之業師。近年（二〇〇九）見及孫常煒先生（孫老師胞侄）文中提到，民國八年五月四日為抗議巴黎和會之不公正，反對日本攫取山東利益而在北大同學中，是孫德中為首，第一個翻牆跳進曹汝霖住宅。孫常煒著文載於二〇〇九年四月二十七、二十八日之《世界日報》上下古今版，但孫老師自是聲名埋沒，只能就孫常煒之敘述得知。不但孫老師是我一九五〇年大學業師，在我為治史專業，當仰承太史公前導，而知訪聞故老之重要，願在此留記一絲線索，供後人有所採擇。尤其吾親身得自朱夫子親口相告，亦有責任傳示後世。孫德中夫子亦吾業師，豈能忍令其聲名湮沒？

我自幼先讀五年半私塾，再讀三年小學纔考入初中，是遠離我家鄉周家口有九十華里之遙的槐店聯中。全名是豫東游擊區槐店聯合中學。創始校長就是朱紀章修庭夫子。中學在地是一臨河市鎮之槐店，應屬沈邱縣地。此一中學已是朱校長在豫東所創之第二所聯合中學。此前尚有一所豫東游擊區扶溝聯合中學。其背景起自於日本自盧溝橋發難，大舉侵略中國，河南省東部平原縣城大部淪入日軍鐵蹄之下，飽受搶掠（政府資產）奴役（庶民百姓）之苦，學校不存，老師流離，士子失學，因是河南教育廳廳長魯蕩平（亦是立法委員）為收撫淪陷區各校師生，乃決定派朱紀章先生為豫東教育專員，要創設聯合中學，收納淪陷區師資及學生，此乃為國儲材，保護學子失學之高遠良策。吾即獲此良機，考進槐店聯中。不過我非來自淪陷區，是全程在校三年，不能領受助學貸金。惟在此省立聯中，卻亦不須交納學費，比讀私塾之按課程高低收費言，仍是省錢。

槐店聯中，校區分為兩部，高中部在鎮外之靠河邊「張灣」，乃是富家張姓私有大宅院，房舍多而屋宇寬敞堂皇，學校借作校本部。而初中部則完全收併舊有潁濱中學校。余自始至卒業俱在鎮上之校區讀書。

朱紀章先生只把學校建起，仍回省府任教育專員。槐店聯中則委派梁燦章（字紫雲）任校長，梁老師是燕大出身，教英文，很負責，我學英文得益不少，我只具初中程度。可惜如此一位好校長被學生鬧學潮把他趕走。換來一位蔣介民校長，也被學生鬧事，不能收拾，亦只好辭職。又換來高中國文老師路百占先生接任，他已是文家，很富才學，講演動人，引經據典，令人折服。在此際我已讀到初三，前後換三個校長，但是並未影響初中部，教我的老師，在此三年中學得最深入而全面者是張又銘老師所教之歷史與地理。國文老師中我受益最大者是王桂芳女老師，得她鼓勵，我已敢寫小說。當然尚有國學老夫子型老師李涵齋和許正齋二位，亦受益不淺。我終於讀完初三，離校而考進周口聯中高中部。我在初中理科已是平平，而數學與化學總算能達初中程度，讀初中時同級有甲、乙、丙、丁四班，而今考上高中，則只錄取一班四十三名，其中來自槐店聯中者有一半，我終能勉強考上另一所朱紀章老校長所辦的學校。

周口聯中是朱紀章先生所創辦之第三所豫東游擊區聯合中學。也正是我自幼生長之地周家口，我自然並不能領受助學貸金。像我一樣之同學超過全校半數，亦全不收學費。此時校長是張欽先生，校址設在距舍下不遠之關帝廟，屋宇俱是高樓碧瓦，有露天廣場，有大殿廣庭，皆可容納全校師生相聚，只是沒有運動場，必須到城郊外上體育課、軍訓課。上至高中二年級，校長換為程百讓先生接任。不幸遇到日軍來犯，佔據周口城鄉。學校自然停擺，不少同學西逃求學，余則失學家居，也就懶散下來。高中只讀一年半，遠不及在初中得益。周口聯中校風良好，不鬧學潮，本城學生佔最多，而自淪陷區來者較少，全校聚在同一校舍，高中初中又有女生班，大家十分和諧，亦決不會有反對校長反對老師之事。只是高中老師很缺，我們一直未請到生物學老師，亦缺化學老師，即至國文、英文老師也是常改換。文科歷史地理兩科由校長教，尚是很能得益。有位姓毛的老師初來班上上課，作文時要每人自定題目自由寫作，我乃寫一篇小說，文字太長，次日交卷。被老師指摘我是抄襲，我感到羞辱，但無法抗辯，卻從此不再走文學之路，停止文學寫作，自然轉向歷史及地理做學問。雖然，我仍是難忘周口聯中之和諧校風，創立一所這樣中學，是朱紀章先生一手推動，人力財力俱由他在後方籌畫，是以應當感念朱先生對失學學生挽救之功。

在日軍佔領周口城期間，我與同學李仲瑾（本名方琳）遠到一百五十華里河南安徽交界城鎮界首，去見他父親李幹生先生，經其指示，此時朱紀章先生亦自後防越到敵區到界首，此為國軍將領何柱國部下駐守，甚是安全繁榮。我與仲瑾相偕去見朱校長，果然他之東來原是為三個淪陷的聯中作統一復課，正到安全地方考察設校計畫，朱校長肯定相告，你們先回去等消息，一定給你們安排學校上課，但不明告校址選在何處。

我與仲瑾回周口，讓一些同學靜待好音。不久消息在失學青年群中口耳相傳，得知以扶溝聯中（此是朱校長所創第一所游擊區中學）為主體在淮陽、項城兩縣交界處之水寨復校，要收納豫東淪陷區所有失學青年來報名就讀。我們原周口聯中學生相結趕去水寨報到。校長已任命原扶溝聯中教務主任荊勵之擔任。已有幾位老師不分班在講課，特別是國文老師閻子糸先生，已在講授《淮南子要略》了。此是復校後，第一批開放之一門課程。我等一致照前時所讀級次分班，我不免仍是高二年級再讀一次。能有學校上，不能不知道政府挽救失學青年所盡之苦心，而朱校長則是最重要的執行者。

我生不逢辰，讀小學中學俱當日本入侵中國，全面抗戰時期，是中國之國難，淪陷之地，軍人戰死，人民降為奴虜，而破家亡身之人，以萬千計，老弱淪乎溝壑，更是悽慘。而幸中央之教育部，河南地方之教育廳，謀救流亡師生，在財政短缺，物資貧乏之際，極力籌計設校招生，不失培育人才之功，自是高遠識見。自然設備不足，師資不齊，國難期間，勉強支撐。我讀化學全無實驗，只靠老師編講義，物理亦無教本，乃是校長荊勵之口講，靠其經驗口才，亦可得益。只有國文課、歷史地理課，我算是學得最好。環境在日軍管不到之地，始終借人舊宅或寺宇為校舍，此即三所聯中一致先天不足之根，怎能成就學問，趕上水平？我自落後他人，乃是時會所使，自全無怨言，亦仍當懷仰當年奔走各地，造成一切簡陋校舍（全是借用，而非興建）有學校讀，實深感念朱校長之辛苦與毅力。回想起來，莫不感恩。

扶溝聯中設在水寨，是一個靠河碼頭小鎮，而學校則開在距小鎮數里一個小村子裡，乃是晚清巨宦袁甲三之故園，甲三與曾國藩同時，其子袁保恒、袁保齡亦是巨宦，與李鴻章同時，其侄袁保慶是淮軍吳長慶部屬，其侄孫袁世凱係追隨袁保慶在山東起家。袁家住處稱為張營，又加上袁字，成為袁張營，其房屋雖多，卻非高樓大厦，乃是極普通之村舍。有一小房作為學生宿舍，不過三間，空空蕩蕩，只是正中牆壁掛一小木匾，乃是同治皇帝題字。上書「頤齡懿矩」，即是御書（當然出於某些翰林代筆），意外流落到這裡，後來在近代史所看書，方知乃是皇帝為袁甲三之母所頒七十大壽之褒彰匾。文字全對，卻是不過三尺大小之小匾。遠較周口聯中校內之關帝大匾不及五分之一。許多匾，我俱未經心記憶，於今自必不復存在。

在袁張營校區，讀書仍是最為重要，而師資極不理想。仍是國文課最能得益，物理課老師優秀，亦能追隨同學水準。其他生物課無人教，化學課亦請不到老師，歷史地理分由兩位青年教師來教，卻很令人失望。一位乃是真正草包，那裡在教地理，簡直是胡混，另一位教歷史，也不會講歷史系統，天天講考古發掘，不知也不能斷定是何年代，令人昏頭轉向。似是親在發掘之列，是以見到墓中戰車出土，原是朱紅鮮亮漆色，出土半小時即漸由暗紅變為黑色，又說墓中骸骨乃是一位將軍中箭而死。這位老師叫劉子畏，很年輕，一定有學問，只是其課毫未涉談任何一代歷史。如此高深卻不符實際，同學徒歎不能得益。數學課有老師，我則勉強能跟得上，大代數與幾何均算能全懂。不過看來我們難免不夠格之中學生也，非我之罪也，乃時代困辱我，夫復何言！

袁張營校區雖不起眼，卻有空曠土地做體育場，比賽時常舉行，以籃球、排球為主。而師生和諧，不鬧學潮，校風良好。我在此因晚間在校外貪玩不去自修，被校長抓到掌摑幾下，我亦毫不記恨，反省不該貪玩。在此讀過半年，寒假回鄉（相距六十華里）度過年節，又來學校，而老師又多更換，校長仍是荊勵之，教我們物理，很是叫座。此一學期重要，乃是學期結束時得到日本投降消息。游擊區聯合中學將要易地改制為正式省立中學，我們只能回家等候消息，不知鳳凰落於誰家。周口市地方也爭取一番。尚有其他處想接收此一學校，學生只能待命。事實上，朱紀章已由教育專員改到商邱就任行政專員，在行政管區，乃有睢縣（即是唐代之睢陽）爭到開辦省立睢縣高中。可想知教育廳為了慰勉朱校長辛勞自然順水推舟，將昔日三個游擊聯中，仍放在朱先生管治之地。實是勢理之自然。

吾之高中學程，已到抗戰勝利之後，讀到高三，須到離家鄉兩日路程到睢縣高中讀書，雖是男校，亦附有女生班。第一天先須僱汽輪拉車趕到商邱，朱校長已改任地方行政督察專員，自不便再去謁見。到此先開眼界，要專程坐車遠到隴海鐵路車站看火車，是生平第一次見，住入小旅館，房間有電燈，也是第一次見。次日再乘汽輪拉車趕到數十里外睢縣城，城大多空地，學校開在空曠地靠城牆。有炕代牀，比在水寨時較好（在水寨校區是睡地板鋪草作褥）。除校長仍是荊勵之，而老師則多新面孔。在此幸遇一位大學者教我等歷史與地理，乃是最具科學學養之天文學家曾次亮先生。他雖是高中教師，各大學教授亦不能及。他有著作傳世，他為王韜所著：《春秋曆學三種》作疏證，大陸出版（我在香港任教時讀到）。他在課堂上教我們天文、曆法、日月蝕考索法，我等無法全接受，但曾老師也講詩、詞、曲，特別介紹吳梅之曲，我們受益不淺。雖然如此，其他各課，則難得進步。高三讀秋季、春季兩學期，已至勝利後二年。總算畢業於河南省立睢縣高中。算來我自初中起到高中畢業前後所讀四所中學，俱承朱紀章先生一手辦成，挽救我少年時代遭遇抗日戰爭而失學，自當感念老校長成全千百莘莘學子。相信懷念他之人一定不少。

我們高中雖已畢業，若不考大學仍是無用。與同城好同學李仲瑾、蘇潤身結伴去武漢考大學，竟不免同時落榜。終亦相信向時多缺課（高中未能學化學、生物及生理衛生），臨考終敗北。但決不抱怨學校做不到，實是戰亂期間師資難求。

我個人的不幸，在於由學養不足而不能升學，更不幸者是又遇到國共內戰，戰亂延及家鄉，當我第二次出外考大學，回鄉時居城已陷於雙面戰火。先母甚憂我方成丁，將難於安全自立，吾則決計先投奔山東姨母家，稍避戰火。與先母分手，慈母竟坐我床邊一夜未眠，如此分手，真是一生難忘之苦痛。吾到山東不久，戰火又延展到濟南，姨母贈我一筆錢，令我趁津浦鐵路尚通，趕快南逃。我坐上火車，茫無去路，終於決定投入當時青年軍赴台訓練招募。終於輾轉乘船到台，在此一段期間，命不如雞，年少無知被人借錢（軍中同志老兵），到台灣又丟了一些衣物，所帶畢業證書亦與錢同被偷，真是淪落狼狽。到台灣受訓數月，分到二〇五師五團迫擊砲連，連長是何希文先生，北京人，喜愛京劇，能唱能教。全然風流文雅，不像軍人。此年吾之高中同學蘇潤龍先生已在空軍學校畢業並做軍官，而特託其在台做空軍教官之同學李作唐、杜桂林兩少尉，到我軍營把我接出。最當感謝何希文連長厚愛而放我離職。嗣後我得依傍李作唐先生照顧，而留在岡山空軍通信學校做些雜役，有空餘時間讀書備課，終能在民國三十九年（一九五〇）考上台灣師範學院史地系。對我而言，真是如魚得水，一切起步，須自此開始。想想我是如何一心看重進入大學讀書。

像我這種失學四年的老學生，在班上比他人大好幾歲，怎敢不努力讀書？同時以校為家，寒暑假也俱守在學校宿舍，讀師範既有公費，也不愁沒飯吃。我的同學蘇潤龍先生也已到台灣任軍官，又曾在軍中遇到河南扶溝聯中早我畢業的學長鄒鴻善先生任陸軍特務長小官，在嘉義工作，是經常供我穿鞋襪和零用錢之人，還有一位江西籍的軍中同志周象新先生退伍後在台東教小學，亦經常供我零用錢。我真是窮得可憐，除了校方每年供給一套制服，平時就是穿著他人贈我之舊衣服，無論如何笨拙，我也得好好用心提升研讀能力，更有一層吸引力，乃是見識到這一代學者名師，可以激我加速開竅，此時我已知道苦盡甘來。

我在家鄉聽到過民間兩句俗語：「人逢倒霉，豆腐生芽，人逢走運，扁擔開花。」我做夢也想不到暑假在校園閒走，竟不期然遇見老校長朱紀章先生也在這裡散步，趕緊上前與他攀談，說明已在這裡讀書，原來他是立法委員，單身在台，住友人家，立即告訴我每月到他住處，要在月初，他會供給我每次一百元。哎！我的公費只有七十元一月，這一來對我生活大有幫助，可以買自來水鋼筆了。真是窮小子大福分。這使我也有能力買點新書，比如我能買到張貴永（致遠）老師的《史學講話》和《西洋通史》，以及柳詒徵的《中國文化史》等書，對於朱校長真是仰承厚恩。

民國四十三年（一九五四）我大學畢業，系中提供旅費補貼，供我一班同學環島旅行，我終須買一雙輪胎底皮鞋以壯行色。因為老師要帶我等拜訪一些中學，已不便穿著膠鞋做訪客。這也是我生平中第一次穿皮鞋。環島花費儉約，同學均有剩餘。（是我受委管會計，系主任沙學浚老師另外交一筆錢委我分給窮同學補助，有十位拿到錢，我亦在內。）我身上有用不完之錢，經過台東時，特別購買一批柴魚，原俱像一塊一塊木炭，是朋友周象新先生之意，我纔知道這種特產。買來何用？乃是回到台北帶給朱紀章先生烹調之用。此際朱校長住在中和鄉河南朋友曹彬家中。他們也知道柴魚有點名氣，而我則是表達報恩之意。

畢業這一年也有不如意之事，乃是我的學長鄒鴻善先生在嘉義軍中患病逝世，令我十分悲痛，我是惋惜懷念，直到如今。

大學畢業後，接受預備軍官訓練一年，有半年在鳳山陸軍軍官學校，有半年在岡山空軍通信學校接受氣象專業訓練。在鳳山天天操演，打靶和野外行軍，夜間衝鋒，自然汗濡軍衣，會晒出鹽來。如此忙累，每天只圖倒地便睡，不怕烈日下，亦能酣眠。不過在陸軍官校我亦未放棄讀書，軍中只有發給種種孫中山著作，我在大學上過三民主義課，此時則孫中山其他各書我亦全讀一遍，無有遺漏，後來我也會成為孫中山專家，敢說有充分信心，近年住加拿大，仍還敢與各方名家較量孫中山之知識，決非亂說，我大量專門著作，付予天下考評，靜候彼此比較。

預備軍官結業，我取得空軍氣象少尉資格，有國防部適任證書，也算是軍界一行。

民國四十四年（一九五五）完成預備軍官訓練，七月結業，九月即為先業師郭廷以（量宇）先生召至其所創辦之近代史研究所追隨做研究，也就有了一定居所，隨之每年春節必到朱校長住處拜年，並必攜帶一些食品薄禮。於是能在朱校長處見到同鄉長輩與各校學長。有些年紀較長，已是將官階級，其時我遇到年齡相若的杜乃濟先生，台大政治系續讀碩士，其兄杜乃超師大國文系畢業，已在教書。尚有幾位年齡相近者，俱常在朱校長處聚談。朱老師之昔年在北大讀書時情況略有申述，那裡宿舍俱稱齋房，學生俱稱老爺。他即在此際向我講到民國八年（一九一九）五月四日北大學生運動，他是爬牆跳進曹汝霖住宅手持竹桿衝到院中之第二人，並慨歎說有誰知道？真乃盡信書不如無書。我對此是明確聽到，深深記下，可與孫德中師共證五四運動一點真實。

朱校長隻身在台，住於友人家，已更換數次，他忠厚開朗，不計較名位享受，雖是立法委員，亦未顯露才學，同鄉長輩張金鑑、楊一峰、劉錫五俱負盛名，而朱校長實在政壇未嘗露臉，世人多不知其有何能力，有何貢獻。其實他是挽救河南流亡學生的大恩人。我自熟知，亦因所知有限，不敢亂說。

朱校長雖居友人家中生活，個人日趨年老，實乏照應。有一天他患大腸生瘤，在台大醫院手術割除，我們後輩知道去探視他，他卻毫不在乎，談笑自若告訴我們，醫生讓他看驗割下之大腸，他笑說原來有一小盆之多，真減輕不少負擔。他雖洒脫，而其一些好友和年長門人，卻俱警覺到他是孤單乏人照料，一致勸他迎娶老伴，結廬成家。他也聽從，就在中和鄉購房一所，迎得師母來歸。當年杜乃濟兄約我和一、二位同鄉，合送朱校長一個冰箱。說是冰箱，真是頂級寒酸，原來只是一個白漆木箱，有鐵絲網分隔上下二層，箱門厚而密封，卻要煩師母天天買冰來冷藏食物。今時之立委公館能有如此設備？我們對不起老先生。

我工作有七年，在民國五十二年（一九六三）二月與內人周氏結婚，席設在台灣銀行福利餐廳。朱校長帶師母同來參與喜宴，尚有我高中老師閻子糸先生是我幼少時長輩，至感親切。乃是我個人比同學諸友更當感恩之事。當要用筆載述與朱校長之長久結緣。只是所知他老人家之事太少，前期年長學長多為軍官，有學問者只有杜乃超、乃濟兄弟在我之上，希望他們能作更詳細之描寫，彌切懇望。

我相知在台之聯中同學、扶溝聯中老學長鄒鴻善先生，已不幸早逝。周口聯中學長蘇潤龍先生已自空軍退役多年。槐店聯中初中同班同學有十位流寓台灣，在各地任事。他們九位是周士傑、田鴻麟、李耕（本名文瑞）、李子菁、李錫田、普寶善、普寶祥、岳九英、李君定等。相信他們也一定懷念老校長朱紀章先生。我不問分際冒昧操觚，必多遺漏，尚望他們給予寬諒。我已垂老暮年，此時不寫，將必永遠後悔。

朱師母溫厚慈祥，待人親切，有十多年相侍夫子左右，能使朱校長安享愉快晚年，此恩我亦永記不忘。

二〇一〇年三月二十一日寫於多倫多之柳谷草堂

沙學浚先生傳

一、身世背景

道夷先生，姓沙氏，諱學浚，號道夷，江蘇泰州人。光緒三十三年（一九〇七）生於泰州故里，而於中華民國八十七年（一九九八）病逝美國紐約，享年九十一歲。

先生生於中產小康之家。父子符公起於市傭，而自營立業，行商足贍生計。母曹氏育三子一女，學浚為最幼。然穎悟好學，志意堅卓，才識過人，就傅承業，銳捷成長。幼少，早已熟讀群經諸史，繼歷進揚州美漢中學、上海光華中學、北京鹽務學堂，而後得至南京就讀中央大學教育系附修地理學，受業於地理名家張其昀

（曉峰）先生之門。民國十九年（一九三〇）夏，畢業於中央大學。隨即任教於上海光華中學。同年迎唐厚蘭女士結為連理，以宜家室。[1]

道夷先生於上海備見西方文明之飛速猛進，中國貧弱落後之飽受壓抑，自覺當加深新知，開闊眼界，乃極力準備負笈歐西，更作深造，以為未來報效國家之資。遂於民國二十一年（一九三二）九月搭乘義大利輪船「甘琪號」由上海啟行赴歐。所當載述者，其時國際聯盟之李頓調查團部分團員，以及中國代表團專門委員戈公振，中國駐英公使顧維鈞亦乘同船赴歐。[2]

先生於同年十月，輪船駛抵歐洲，進入德國來比錫大學研讀地理，專攻製圖學。同年以師長介荐，在來比錫地理博物館學習地圖投影法，兼至印刷學校實習地圖印製技術。[3]

民國二十二年（一九三三），先生轉入柏林大學，繼續地理學之研究，並在德國測量局實習製圖方法。同年國內創組中國地理學會，以竺可楨、翁文灝、張其

---

1 陳正茂撰，〈沙學浚傳〉，《傳記文學》，四四五期，民國八十八年（一九九九）六月，台北刊印，頁一三五－一三七，〈民國人物小傳〉。

2 陳正茂撰，〈沙學浚傳〉。

3 陳正茂撰，〈沙學浚傳〉。

昀、胡煥庸等之推動，廣納地理名家，先生以張其昀、趙迺博、蕭承慎等人力邀，亦加入創始之中國地理學會。先生求學期間，於民國二十三年（一九三四）國際地理學會在波蘭首府華沙召開，先生為觀光學術盛會，接觸知名地理學家，亦即決然前往參加，得晤一時碩彥，增廣見聞。[4]

民國二十五年（一九三六）初，先生畢業於柏林大學，獲取博士學位。隨即轉赴法國，觀摩實習西方地圖學技術。同年八月返國，先任教於廣東中山大學地理系，同系結識吳尚時、孫宕越兩先生。不久辭職北上，轉任江蘇省地政局副局長，並於母校中央大學兼授地理。[5]

民國二十六年（一九三七）七月，日軍大舉侵華，全民抗日，戰爭展開，大專院校紛紛西遷，先生亦自攜眷遠赴大後方，先後數年，不斷移居於重慶、遵義等地。初在重慶任復旦大學史地系教授兼系主任，後因張其昀之召，轉赴遵義，任教於浙江大學史地系，講授中國區域地理、政治地理，以及製圖學等課。嗣後因任國防研究院委員，又回居重慶，兼在中央大學史地系講授地理課程。先生雖於抗戰

4 陳正茂撰，〈沙學浚傳〉。
5 陳正茂撰，〈沙學浚傳〉。

時期，輾轉流遷於大後方四川、貴州等地，甚至亦遊訪西北陝、甘、新疆，而其所接觸名家，共事同僚，則俱為學界菁英，學識淵雅，志節高尚。若復旦大學之伍蠡甫、梁宗岱；浙江大學之葉良輔、張蔭麟、盧鋈、譚其驤、繆鉞、任美鍔、黃秉維等；中央大學之胡煥庸、繆鳳林、李旭旦、涂長望、沈剛伯、李海晨等。先生學術聲名遠播於西南、西北之復興基地，以國防地理名家著聞。[6]

民國三十四年（一九四五）八月，美軍以原子彈投炸日本廣島、長崎，日本天皇宣布無條件投降，中國抗日八年，始於國家殘破之中，萬民浴血之後，而得以完復國土，贏得最後勝利。三十五年（一九四六）先生因中央大學復校，回返南京專任地理系教授。民國三十六年（一九四七）兼任中央大學訓導長。以政治地理、國防地理、邊疆地理蜚聲士林。同時期上海商務印書館創刊《學原》雜誌，先生為其中重要撰稿人，並時名家，尚有洪謙、鄭昕、王惟中、徐復觀等，俱為學原社重要成員。[7]

6 陳正茂撰，〈沙學浚傳〉。
7 陳正茂撰，〈沙學浚傳〉。

二、士林表率師嚴道尊

民國三十七年（一九四八）十二月，先生攜眷自上海渡台，暫居台北。三十八年（一九四九）五月受聘為台灣師範學院史地系主任兼任本校教務主任，遂計為史學地學之發展傳承，廣為羅致學界名家，在校甚受校長劉真先生禮重，乃使史地系師資匯聚當代一流學者，為國內歷來陣容最盛之學術重鎮。

道夷先生到校數年，師院改制為國立師範大學，在校先後擔任史地系主任、地理系主任、教務主任、教務長、文學院院長等職，為師範教育之中堅領袖，自民國三十八年到校至六十四年（一九七五）退休，前後二十六年間，培育史地師資遍及台灣全省，並亦多遊學歐美，為國興學，足當一代師表，門人弟子何止三千。

以論民國以來大學史學地學師資，南北各有名校，各有名家。北方有北大、清華、師大、燕大、南開，南方有中山、中央、金陵、浙大、復旦，自是有名，而道夷先生主持之師範大學史地系，其師資陣容，集國內名流於一校，陣容堅強，決不遜於任何前驅。粗計史學家名師如下：一、朱雲影先生，任教中國上古史、史學通論、亞洲各國史。二、郭廷以先生，任教中國近代史、中國現代史、元明史、明清史。三、王德昭先生，任教西洋近代史、史學方法。四、李樹桐先生，任教隋唐史、中國通史。五、曾祥和先生，任教西洋通史、西洋史學名著選讀。六、戴玄之先生，任教中國近代社會史、秘密宗教與秘密會社、義和團運動史。七、李符桐先生，任教遼金元史、邊疆史。八、張基瑞先生，任教秦漢史、中國通史。九、朱際鎰先生，任教中國通史、中國軍事史。十、高亞偉先生，任教西洋通史、西洋近代史。十一、沈明璋先生，任教中國近代史。十二、藍文徵先生，任教隋唐史。十三、張貴永先生，任教西洋現代史。十四、陶振譽先生，任教西洋中古史。十五、勞榦先生，任教秦漢史。十六、姚從吾先生，任教宋史、遼金元史。十七、沈剛伯先生，任教西洋上古史。十八、吳俊才先生，任教印度史、東南亞史。十九、張儐生先生，任教中國通史。

地學師資名家如下：一、沙學浚先生，任教政治地理、邊疆地理、史地綜論、地圖學。二、王華隆先生，任教中國區域地理。三、章熙林先生，任教地學通論、自然地理、地形學。四、鄭資約先生，任教亞洲地理、歐洲地理、大洋洲地理、非洲地理、南北美洲地理。五、賀忠儒先生，任教地圖學。六、劉鴻喜先生，任教世界地理。七、王益崖先生，任教台灣地理。八、孫宕越先生，任教土壤學。九、朱祖佑先生，任教氣象學、氣候學、海洋學。十、蔡東建先生，任教地質學。十一、任德庚先生，任教中國區域地理、地理教材教法。十二、劉衍淮先生，任教氣象學、氣候學、熱帶氣象學。

吾人參閱師大史地師資陣容，具見先生盡心於學術傳承，造就後繼英才之努力。其個人學識風範，胸懷寬博，足以贏得學者親近，而能禮聘羅致各方專才名家悉心任教，為後生學子造福不淺。

自民國三十八年（一九四九）先生主持師大史地系，學術風氣立見起色，名師雲集，學子努力鑽研，二十餘年間，形成史地學術重地，造就青年學者，追隨繼承。先生領導學術，目光遠大，氣魄宏偉，各方史學地學名家，俱得發揮專長，傳授生徒，學子獲益最大，實是先生最大成功，最卓貢獻。

先生主持史地教育，最關心教師辛苦，尊重教師學行，而於學生之熱心向學，渴求精進，亦十分尊重，往往因學生要求，而用心用力，禮聘名家，多在符合學生喁喁渴望。所知陶振譽、藍文徵、張貴永、勞榦、姚從吾、沈剛伯、吳俊才等教授，皆係先生親約禮聘，來校兼任授課，此是史學方面。至地理學則禮聘洪紱、薛繼勳、朱祖佑來校兼任授課。結合校內專任教授，使師資陣容十分堅強，後世各校俱難見有此嚴整局面。

先生任職系主任之時，傳授生徒，不但重視學問培教，抑特注重人品之陶冶，先生個人身教，特受各期同學仰重仿習。由於校長劉白如先生手訂校訓為「誠正勤樸」，先生領導史地系同學，大抵謹奉不渝，十分戒懼巧言令色，槃樂怠傲。因是系中風氣全面顯現淳厚勤儉，不厭貧苦。同學之中不少是隻身流浪來台，孑然無所寄依，俱以校為家，雖不似原憲之捉襟而見肘，舉履而踵決，而弦歌不輟，則不亞於顏回、原憲。先生私下多為照顧。舉例：每班畢業之時，環島旅行，周訪各地學校，是一項重要教學活動。系主任必定選派一位教授領隊，率同學環島旅行，為期約兩星期之久。領隊老師可以向系中領取旅費，同學則系中僅有一定少量補貼，只供車乘，住宿及伙食須自理。富有同學自能承擔，窮苦同學則視為巨大開支。先生每期俱為窮苦同學代為承擔此類開支。每期畢業旅行，先生必自出薪資，代付十名窮苦同學旅費，筆者個人是受益人，並係經筆者之手轉發給窮苦同學，是以知之甚悉。筆者是師大第五屆畢業生，相信前後同學受益者甚眾。

由於史地系較重視田野考察，除地學上的地理實察課程之外，先生每年均必率領學生到各地考察農業、工業、鑛業、漁業、海港、島嶼、與山川地形。使學生開擴眼界心胸，見識新創事物、產業景觀。例如參觀苗栗出礦坑石油氣生產和油墨廠、蠟燭廠。參觀蘇澳石墨礦、碳酸泉、造汽水廠。參觀漁港、漁船卸載大量魚蝦，參觀基隆港、和平島，考察漁民生活。參觀花蓮港，特遠赴防波堤考察新防浪結構。原來舊法是以水泥凝造五百公斤重長方巨塊置於堤基，以防海浪沖擊，故名防浪，而新造三百公斤重之三足水泥巨石，比之更耐用更能保護堤基，令人心折。又至台灣西海岸參觀漁民在海中撈捕色目魚苗，幼魚小如細針，竟能捕得，真可謂是大海撈針。又參觀基隆肥料廠，原來遠自海邊山上抽取新鮮空氣，引進廠中逐漸加壓，一路釋放熱度，最後突然減壓，使空氣冷卻，直接化為零下二百度冷水。再因氧氣、氮氣蒸發速度不同，即將二者導入各自不同鐵瓶儲存，氮氣備供製造肥料。氧氣則為副產品，可以出售。此項零下二百度液化空氣，有諸多特殊物理性能，廠中人員為我們作各種表演，令人印象深刻。台灣全島，地形多樣，田野考察，可以親驗，系中老師則有先生及章熙林先生為我們反覆講解，使我們見識到各樣地形，山川平原固然易曉，而何者是丘陵，何者是梯台，何者是走廊，何者是峽谷，何者是都市，何者是城鎮，何者是村落，何者是聚落，先生及章熙林先生均一一指證，使同學便於記憶。

三、地學研究之造詣

今日學界多熟知沙學浚先生是當代地理學先驅名家。惟於先生之學問造詣或多未能深悉。既為先生傳記供世人參考，其治學功力與學術貢獻，應是全傳最重要部分，當作詳細探究表達。

先生於三十年代後期學成返國，而其教學與顯露才識，俱始於對日抗戰時期，地點自在於大後方之貴州、四川等地。首先呈現世人之專家灼見，即在於其國防地理論域，足以啟發聾聵，立使世人耳目一新。

先生寓居大後方，於對日抗戰中，未遑寧處。以其地學所長，留心研討國勢世局。其時接連一九三九年開始歐洲陷入戰火，舉世已進入戰劫動亂之中，先生盡知識分子之責任，遂就其國防地理之識斷，著文研判世局變化，提供其精要估計。特別於主體戰局之歐洲，發表其重要論文如：〈蘇芬關係之地理背景〉、〈古今戰爭中之希臘〉、〈滅十四國之德意志〉、〈光榮孤立之英倫〉，以及〈第二戰場之地理觀察〉。先生個人特具自信者，是〈第二戰場之地理觀察〉。主要是民國三十三年五月草成，研判歐洲盟國發動反攻德軍之時間與地點。先生於其晚年追述頗有心滿得意其在當年的估斷，如其所云：

一九四四年六月六日美英盟軍在法國諾曼第登陸之前，各方對於盟軍登陸歐洲堡壘的時間與地點，有種種推測。學浚是年五月下旬完成的〈第二戰場之地理觀察〉一文，是登陸戰開始時六月七、八、九三天在重慶《大公報》發表的。本文推定登陸地點在法國西北岸，時間以五月為最佳。與實際相距很近，可說大致正確。[8]

我們在此不但清楚看到先生在表現學問的自信與認真，同時自可了解到當日所博取國防地理專家之盛名，俱是由多篇著作及充分實力而取得。讀其抗戰時期論著，俱

[8] 沙學浚著，《地理學論文集》（台北：商務印書館，一九七二年十一月初版，一九九六年十二月第三次印刷），作者自序。

能獲得明證。

先生以其博通中西之地學學養，於抗日戰爭期中痛論歐洲戰場各國之披靡顛蹶，無論內容充實，舉證豐博，而立論更新穎動人，博得廣眾公信。其國防地理專家大名，得之決非等閒。舉例：民國三十年（一九四一）二月三日，先生在《大公報》發表〈古今戰爭中之希臘〉，其以一日之文論希臘古今之歷史遭遇。當前對付意大利之侵略而戰勝，舉證國力之實據，詳博深入，足以服人。其過人創見，則引證詩人拜崙之「哀希臘」詩，盛讚蘇曼殊大師在其二十五歲所作譯文之精彩，其中特稱賞蘇氏所譯Land of Slaves，譯為「俘邑」，以為文家高妙傳神之筆。當然先生就希臘地理形勢觀察，引用《孫子兵法》指稱希臘雖是文化勝地，實是歐洲「衢地」，證之《管子》書則正是「衢國」。先生作此形容，充分突顯希臘歷史角色與位置價值，真是發前古所未發，表現其國防地理家眼光之敏銳。[9]

抗日戰爭中朝野注意重心在國防，先生膺命得以展現其國防地理之博學遠識。而先生除專業製圖學之外，其學問涵蓋實在更廣濶之政治地理學，至此政治地理研

---

9 沙學浚著，《地理學論文集》，頁二四一—四二，〈古今戰爭中之希臘〉。

治之軌，則是吸收德國地緣政治學（Geopolitics）理論，而研探中國政治地理之重大論題。此是先生生平學問業績所在，在此領域之著作亦足以傳世不朽，較之抗日戰爭期中之國防地理更具有代表性。[10]

先生在抗戰期間所發表的學術名作，最受人推重稱譽者是：〈中國之中樞區域與首都〉。在文中提示中國全境中的中樞地帶，明確研判在中國境內所能建立首都之城市，分別標出北平與南京。決不要一般書生之見，大肆宣白西安、開封、洛陽等歷史古都之輝煌來歷，因為在現代世局與維繫統一局面之重心，其能當政治、經濟、交通、軍事之中樞管鑰之現代都市，只有南京、北平可當首選。明白指出在抗戰勝利之後，選定首都，此為要領。先生重要名言有謂：「都南京是席豐履厚，都北平是任重道遠。」足以堅定國人信心。尤須解明者，先生此文於民國三十二年（一九四三）十二月十九日刊布於《大公報》星期論文。實在日本投降前一年又八個月，先生作此樂觀預斷，正足使人欽服其學識淵博，計慮高遠。[11]

---

10 王爾敏撰，〈沙學浚先生與地緣政治學之開山學風〉，《師大歷史學報》，第二十二期，台北，國立台灣師範大學歷史系，中華民國八十三年六月刊。

11 沙學浚著，《地理學論文集》，頁一三四—一四六，〈中國之中樞區域與首都〉。

道夷先生傳世不朽之作，至少可開列以下八種：

一、從政治地理看胡人南下牧馬

二、南渡時代與西遷時代

三、西安時代與北平時代

四、中國之中樞區域與首都

五、從地理觀點看長城

六、樓蘭綠洲的存廢與漢唐經營西域之路線

七、蒙古征俄之地理背景

八、從地理觀點看亞洲歷史的發展

這八篇論文在道夷先生著作中是極具學術價值的創作。可以說貢獻在於中國歷史地理之領域。當然在史學領域之中，這也是無可質疑的史學貢獻。我們在此可以具體探討，說明其傳世不朽之價值。

其一，在史學領域看這八篇論文。自全是宏觀論析歷史重大問題。多能氣勢雄偉，輝照千古，洞察世勢，貫通古今。玆為略舉其要：

先生最受學界史家推重之作是其〈從政治地理看胡人南下牧馬〉，一文縱論三千年來草原民族之葷鬻、匈奴，不斷衝擊大漠以南之農業民族，特別由地理環境與經濟政治結構指出中國歷史上不斷發生的巨大衝擊，推使歷史產生變化。先生借賈誼之胡人南下牧馬，一語點破二千年來的歷史動力巨大衝擊，來自北方。這是史學上的一個宏觀研究。[12]

先生另一個宏觀論文是其〈西安時代與北平時代〉，仍是地理上空間價值探討中國史上周、秦、漢、隋、唐之建基，涇、渭流域以統馭全國之意義，並同時比較建基於燕冀面臨渤海之遼、金、元、明、清之領域而統馭全國之意義。可謂縱論三千年中國全部史乘，由地理空間不同，討論歷史的發展情勢，自亦表現目照寰區，網羅百代，更亦令人讚歎其氣魄雄偉。[13]

還有一篇論文值得介紹，就是先生所撰〈南渡時代與西遷時代〉，這種選題，這種取樣，完全出乎歷史家思慮考索之外，這是真正的重大歷史問題。第一，基本上是歷史時代不同之重大動盪。東晉之南渡、南宋之南渡、南明之南渡，是中國史

12 沙學浚著，《地理學論文集》，頁七七—九十，〈從政治地理看胡人南下牧馬〉。

13 沙學浚著，《地理學論文集》，頁一一五—一三三，〈西安時代與北平時代〉（原刊民國三十三年二月六日、七日，重慶《大公報》）。

上最悲慘之史實，國家破碎，萬千家業蕩然，百萬人民顛沛流離，妻離子散，骨肉不能相顧。俱為中國人難忘的慘痛經歷。清帝咸豐之西遷、光緒慈禧之西遷、國民政府之西遷，近代帝國主義者之侵略，使中國舉國動盪，蒙受重大災劫。史家個別研討者有之，而不及先生之一體貫通，見出歷代之外來衝擊。第二，以災劫世變演論歷史，本是史家之長，先生之選題，特就悲慘動盪之史乘，一貫見其動力來源。自亦見出先生綜合貫串不同時期史實之融會識力，開闊眼光。[14]

據以上三篇論文，旁證其他論文，先生在史學上的貢獻應有四點。第一，建立古今通識，合於通史家之素養風格。第二，不自興衰之固有格局論史，而特取悲慘動盪之歷史研探其意義。第三，先生雖未作任何說明，但於其論著，自然可見到歷史反覆重演之現象。第四，先生著作之傑出，在於立旨明確簡要，見解突出，論斷有力，深入人心，讀之可以永世不忘。

其二，先生在地理領域，充分表現其政治地理之特識，同時在表達形式上言，又為歷史地理開拓一路新方向新方法，完全不同於傳統歷史地理研究之體制、內

---

14 沙學浚著，《地理學論文集》，頁九一——一一四，〈南渡時代與西遷時代〉（原刊民國三十六年五月，南京，《學原》）。

涵、方法與作風。

先生之兩篇亞洲歷史地理之論文：〈從地理觀點看亞洲歷史的發展〉、〈蒙古征俄之地理背景〉，特別是前一篇，於民國五十一年（一九六二）在第一屆亞洲歷史學會中發表，文中充分證明亞洲之農業民族、草原民族與海洋民族在十八世紀以前之數千年間所表現之文化力量與文化成就。在世界上完全居於領先地位。這樣以宏闊視野，縱論數千年全面亞洲歷史，以五千字之文字，通敘古今百代，正以見出通史家之高妙慧思。自然是言簡意賅，氣勢宏偉，而讀來明晰輕快，卻是印象深刻，真不愧是名家之作。[15]

無論學術界教育界人士，無不熟知道夷先生是地理學名家，以地理學這個領域言，先生實是近代地理學開先前驅大師之一，當民國二十二年（一九三三）年竺可楨、翁文灝、張其昀、胡煥庸創組中國地理學會，先生雖在海外，亦被徵加入。地理學自此自立，獨立門類，不再隨傳統學術格局而長期附於史學門類。自民國二十二年起，中國地理學急遽追上世界潮流，在先驅大師竺可楨領導之下，一面繼承

15 沙學浚著，《地理學論文集》，頁一九三—二〇五，〈蒙古征俄之地理背景〉、〈從地理觀點看亞洲歷史的發展〉。

中國固有地理學傳統，一面吸收充實地理學之新課題、新目標。而道夷先生個人造詣，即足以代表地理學之開新的一面。

道夷先生學問專業是地理學，既經留學德國，即選定專攻製圖學之學理技術，此是先生最初一項特長，故曾在台灣任教期間印製發行中國全國行省地理圖。彩色印製，便於參考。

先生自具大師格局之造詣，簡明言之，就是「政治地理」。不過此僅是籠統概觀，尚須略加解釋。先生之地緣政治學基礎，全表現熔鑄於政治地理學中，經過融會貫通，適在抗戰時期，即展現其新穎之國防地理研判。而後在中央大學與師範大學期間，即開講「政治地理學」、「邊疆地理學」、以至「史地綜論」，基本上全是「政治地理學」為中心總綱，再於國防地理、邊疆地理作詳細延伸。故先生專業造詣，除製圖學之外，可統納於「政治地理」之門類。

先生是第一位應用西方地緣政治學的中國學者，可謂是時勢使然。當抗日戰爭時期，國人急於認識世局變化，先生應其時之需要，而多發表所研考之國際衝突動態。遂不期然以地緣政治學觀點，判析歐洲列國版圖之劇烈改觀情勢。一開始即標示國防地理命義，真可謂是國難下的明燈。其代表作是：〈蘇芬關係之地理背景〉，於民國二十八年（一九三九）十二月四、五、六日刊於重慶《大公報》。[16]

嗣後數年間，先生又發表〈滅十四國後之德意志〉、〈光榮孤立之英倫〉、〈古今戰爭中之希臘〉，以及〈第二戰場之地理觀察〉等論文。[17]在盱衡世界大戰情勢，研判戰爭動向，予國人以強烈感悟。遂使先生聲名鵲起，國防地理名家之聲譽不脛而走。再加先生一些有關國防地理中國國家資源之零星文章，先生遂合輯出版其《國家地理新論》一書。（上海，商務印書館出版）[18]

合觀先生生平著作，我人顯然會明確相信，先生之地理學造詣，自仍在於「政治地理」。我們可加探討考索，當可見到先生在「政治地理學」所建造之理論。現可一一作簡明論述。[19]

16 沙學浚著，《地理學論文集》，頁八—二三，〈蘇芬關係之地理背景〉。
17 沙學浚著，《地理學論文集》，頁二四—七六。
18 沙學浚著，《國防地理新論》（上海：商務印書館，民國三十六年印）。
19 王爾敏撰，〈沙學浚先生歷史地理之理論綱領〉，《地理研究報告》，第三十期，台北，國立台灣師範大學地理系，中華民國八十八年五月印，頁二一—三二。

道夷先生的地學理論架構：

第一，位置價值

先生首先造說「位置價值」，係在民國三十一年（一九四二）二月十八日，於重慶《大公報》戰國專欄十二期，發表其論文，題目即是「位置價值」。先生的一句名言是：地表上一切事物景觀，自有其地理位置，但不一定有位置價值。可知位置價值是地理學家所賦予，自屬於人文地理觀點。先生所表述的位置價值，是從人文地理需要而定。恰巧正值二次世界大戰，先生的討論舉例，多就歐洲戰場而舉其兵力動向之地理因素，此時先生所研判的希臘地理位置而稱為「衢地」，研判盟軍反攻登陸之地點選擇，均是先生的位置價值之實用表達。先生所著：〈國都之類型〉、〈中國之中樞區域與首都〉，俱屬此類。

第二，空間價值

先生在其〈位置價值〉一文中，同時提到空間價值。嗣後不斷在此一重點上發表其重要論文，亦如上述所論位置價值。先生之探討，往往俱是在探討實際地理現象而運用空間價值理論，我們後人亦可清楚先生的圓熟表達和巧妙設想。大抵先生幾篇處理中國歷史地理之論文，全是運用空間價值而探討，可以不必重複前述各文。再如先生所涉論之〈世界經濟空間之類型〉、〈美國之位置價值與空間價值〉及〈海國之類型〉等，俱是此項學理之展現。

第三，線界價值

先生平著作中，線界價值之討論不甚明顯，而在撰著論題，亦實表達其線界價值觀點。先生開講的「邊疆地理」課，就是以研考線界價值為宗旨。先生講授此課，首先就解析兩個英文字義，一個是boundary，一個是frontier，前者是表明國境上的界線，後者表明邊疆領域的地帶。所授「邊疆地理」，全然是檢論地理上的線界價值與意義。粗計先生在此項問題上的著作，計有：〈從地理觀點看長城〉、〈樓蘭綠洲的存廢與漢唐經營西域之路線〉、〈中韓之間的鴨綠江國界〉，以及〈中印國界在喜馬拉雅山東段南麓〉。[20]

道夷先生在地理學上的成就尚不止前述各點。上述其線界價值之討論，提到綠洲一文。自是其所注意西域南北疆，以至中亞中歐歷史古道號稱絲綢之路的東段。

20 王爾敏撰，〈沙學浚先生歷史地理之理論綱領〉。

先生早於任教師院初期，即向學生講述。筆者係親聞其教，知之甚悉。在中國學者而言當是最早，當然這也是各國漢學家所津津樂道的熱門問題。

道夷先生同時亦在地理學上建樹其「聚落地理」一門學問，並在後期之地理系講授。且有《城市與似城聚落》一書問世。[21]

四、結論

地理學之一個學術內涵，在中國古今變化甚大。其濫觴原始，在上古三代已展現曙光。《禹貢》、《職方》、《山海經》俱已出現於夏、商載錄。不過後世將之納於史學專業。自《史記》河渠書、《漢書》地理志起，但凡地理載述，均被列入史學專業內涵。

入於二十世紀，中國學術受到西歐衝擊甚大。各類學術走上深入分化，並各自建立獨立領域。地理學本身內涵大有擴充，不再附庸於史學之下。地理學專業人才

21 沙學浚著，《城市與似城聚落》（台北：正中書局，民國六十四年，第二版）。

輩出，各擅所長。遂於民國二十二年（一九三三）創組中國地理學會，而地理學一門學術，自此獨創新局，開拓新路。道夷先生亦為同時代先驅大師，在地理學眾多論域之中，創建其國防地理、邊疆地理、政治地理、聚落地理之特具風格與專業內涵，所撰論文，尤浩瀚恢宏，曠觀千古，大氣滂溥，充塞天地之間，宜其為一代宗師格局。

道夷先生學通中西，洞察古今，眼光遠大，識斷超卓，洵為今代地理學大師。然其率教生徒，藹然可親，循循善誘，啟發後學。門人中亦高才輩出，各自開拓新領域。海內著名者有章生道博士、徐美齡博士、李作華博士、姜道章博士、陳國章博士、佟秉正博士、陸寶千教授、賀忠儒教授、劉鴻喜教授、石再添教授、史光華教授、陳國彥教授、蔣達泉教授，俱各有承受並蜚聲士林，尤以章生道、徐美齡、李作華、姜道章等，最負國際盛名。此皆地理學方面有所成者。至於歷史學方面，其及門弟子負盛名者亦眾，在此無從備舉。

先生於民國十九年迎娶夫人唐厚蘭女士歸。育二女一子，皆自立成家。退休之後，晚年渡海隱居美國紐約市，老境空虛寂寞，令門人思念懷仰，遙相瞻望昔日薰沐道藝之恩，仍俟春風廣被，培造英髦。

民國九十一年七月七日寫於新大陸之柳谷草堂

原載《國史擬傳》

我的業師沙學浚

中華副刊最近開闢「吾愛吾師」專欄，邀學界朋友一一撰寫對師長的回憶與紀念。在師道衰微的今天，這一構想，頗有意義。徵文啟事到達，我便決計要寫。首先思考題目，被我躊躇半天。其一，不能用古老的一般形容，如「高山仰止」，或「如坐春風」等句子，以免大家雷同。其二，生平受益的師長甚多，我當思考談那一位。最後就決定命題「我師沙學浚」，就寫我的受業師沙學浚先生。

沙師字道夷，江蘇泰縣人。德國柏林大學博士，是一位地理學家。我在民國三十九年追隨他受業至四十三年，從他學習「政治地理」、「邊疆地理」、與「史地綜論」等課。沙先生當時主持師範大學史地系，除上課之外，仍有很多接觸機會，於今近三十年，尚能記起許多。

以學問而論，我往時撰文，曾推稱沙先生是一位啟發智慧的大師。當時順筆點到，未舉實例。現在可以就我所知，略述沙先生的學術貢獻。

沙先生治學與討論問題，最重視大關鍵，對重大問題作廣面分析解釋。一件歷史現象，往往跨過幾個時代，包括前後幾百年的因革變遷。用現代話說就是以巨視的視野去觀察問題。一般習稱為宏觀。他在這方面的研究最多，貢獻最大，比較七十年來學界各家的著作，無論就質就量，很少人有他那樣多的貢獻，特別是在地理學界，自是獨創一種治學風格。若不舉出實例，恐不免被人疑為誇張。就沙先生這方面的論著看，計有：一、從政治地理看胡人南下牧馬。二、南渡時代與西遷時代。三、西安時代與北平時代。四、國都之類型。五、中國之中樞區域與首都。六、海國之類型。七、樓蘭綠洲的存廢與漢唐經營西域之路線。八、從地理觀點看亞洲歷史的發展。九、中國人的氣候適應力。十、中國之永恆價值。十一、蒙古征俄之地理背景。十二、從地理背景看長城。這些文章顯著的代表中國地緣政治學之最高成就，在此略舉一二，實際數量，尚不止此。在這些著作中，尤以〈從政治地理看胡人南下牧馬〉一文，久為學界傳誦。

沙先生的著作，表現高瞻遠矚，洞察古今，議論精闢，氣魄雄偉，足以開人心胸，增長識力，是建立學者通識的有效方法。這些著作也正充分顯示沙先生熟悉古今史實，融會貫通，而自創一套解釋體系，當是最為難能可貴。

沙先生生平著作有《國防地理新論》、《地理學論文集》以及《城市與似城聚落》三種。前者是白報紙印成，商務印書館出版，原在師範大學有此藏書，坊間已買不到，形成同學爭借之書。到今尚能記起者，是沙先生對中國鎢礦鎢產受制於經濟帝國主義的情形，讀之興起無限感觸。後兩書，仍為商務印書館出版，民國六十一年發行。讀者易於買到，前舉各文，多收入其文集中。

沙先生上課教學，均編有講義，多半未經刊印。而課堂所教最具有啟發性。現在學界常常提到地緣政治學，實際早已為沙先生所傳授，他所教「政治地理」、「邊疆地理」等課，無時而不引用地緣政治學作解釋。他的若干著作，自然亦充分表現地緣政治學之應用。如談國都、談長城、談綠洲，在其中均有精闢的表達。所以必須特別指出者，就是他雖用西方理論，而所處理者則純為中國問題，並應用中國原有資料。真正吸收新論理而能消化應用於研究者。

沙先生教我們「史地綜論」一課，在三十年前就已向我們介紹科際整合問題，「史地綜論」也正是他所設計的科際整合的產物。當時他把這門課稱之為邊界科學。

沙先生並長於地圖繪製，平時常講到地圖的應用與製圖讀圖方法。不過我並未修習「製圖學」這門課。在校期間，我們一班同學決定每人為系裡畫一幅地圖，所有用具與紙張則由系方供給。至今我尚記得我為史地系繪好一大幅清代捻亂流動圖。畢業後若干年尚仍可見到。不過所有繪製之圖，僅是儲存備用，系裡並沒有許多空間作為懸掛地圖之用。

沙先生對於同學真誠愛護，並多砥勵人品。他很莊重嚴肅，而對學生十分親切寬容，絕不爭較學生任何禮貌，但時時會遇機教導。我們許多同學年輕不懂事，在他面前指手畫腳，毫無忌憚，他一點也不生氣，並耐心和同學談論問題。只有一點我深深知道，如果表現沒有出息，那會使他很為失望。我同班有一位男同學寫紙條罵了別的學系一位同學是走狗，被對方告到訓導處，這位同學首先不承認是自己所寫，但被查對出筆跡，逃遁不過而承認了。他所得到的懲罰是必須寫悔過書，否則記大過，這位同學成績優異，最怕記過，決定寫悔過書。我們很同情自己同學，也把前後經過告訴沙先生。沙先生立即要看一看悔過書，這位同學寫得十分軟弱，一付搖尾乞憐的樣子，被他訓誨一頓之後，要這一位同學把語句改成忍痛委屈悔恨交加的味道，稍稍表現出一個男兒的骨氣。他這一教導，很影響到我的做人態度。大丈夫頂天立地，必須敢於承當，不可求人憐憫。

沙先生領導史地系，全系同學十分團結，每一年總要舉行一次全系的郊外旅行。陣容浩大，充滿活力與歡樂。沙先生愛護貧苦同學，每屆畢業生，他都自己出錢資助十名左右作畢業旅行費用。我們一班有十人受他資助，記得有我自己和蔣達泉（今海洋學院教授）、楊庚午（國中校長）、李恩涵（新加坡大學高級講師）、鄧汝言（已留美）、呂淇鐘（國中校長）、崔尚斌（文化大學教授）等。我自己永遠不會忘記，但願前後各班受益的同學都尚能記得。各本良心，沙先生是一點也不計較的。

我敬重沙先生的學問道德，並且永遠敬仰，所以在我結婚時，請他做我的主婚人，他是我敬愛的家長，我的受業恩師。

中華民國六十九年雙十國慶

原載民國六十九年十一月五日《中華日報》

郭廷以先生一手範鑄之近代史南港學風

在此要先作破題，我寫此短文，採用題目思考很久，修改多次。主要是我並非介紹郭廷以夫子生平學問，可想而知是太過嚴肅沉重，勢須涉及學術研究，豈是短文所能承擔？具體思考，要說到郭夫子教了我們甚麼，亦不可用為論題，想想大師門下人才濟濟，前時期成就學者不少，豈能說清楚，郭老師教了我們甚麼？恪尊師道，自古傳承，重在門人不同解悟，來自潛移默化。即令學課有定，聞記能載，亦決非抱著筆記本而成就學問。相信無人作如斯觀。因是每人決不會說老師教我們甚麼，但每人則可說當向老師學到甚麼？本文題目就此採定，自然可以方便寫下去。

回想我個人大學畢業以後，追隨郭夫子作研究，當是被引進一個新學習階段，是真正跟著夫子歷練二十餘年，一來可說是幸運，二來則是可以親身承受教澤，得其身教言教。可謂仰之彌高，鑽之彌堅，豈能與書本授課同日而語？夫子門下多士，看來每人受教亦決無相同。是以本文論題，要講說我是學到甚麼？其他學長各是學到甚麼？決不可看成老師教了我們甚麼。僅只能心領神會感受到一種治學風氣。

郭夫子沉默寡言笑，門下弟子不免悚然惶懼。我們怕他，亦形成長期心理。其實他對學生最為仁慈寬厚，絕不苛虐，亦不狠辣。而我一生一直掃不掉懼怕他之心，原因很簡單，我是學養不足，進步緩慢，不能符合夫子期望，豈有不心怵之理？

郭廷以先生手創近代史研究所，一切體制章則出於其手，在此無必要討論，但凡有關我輩受命任事，以及在所中之學術活動，勢須順便提及。自如我等之學習與聞教，在所中學問觀摩，是定有講演會與討論會。講演會雖無定期，卻頻繁舉行，由所內所外專家學者講演專題，全由郭夫子一人主持，而不委交代替人。討論會則由年輕後生同仁報告研究心得，每月舉行兩次，亦全由郭夫子主持並講評。我深信青年同仁受益最大，是增長學問之重要促動力，能說不是向夫子學到東西嗎？

在近代史建置體制而言，無論各級研究人員，自必承擔一定職司，決不至於只是拿錢吃飯，而毫不做事，沒有那麼幸運。像郭老師生平勤力治學，辛苦經營，一手創立研究所，在當時白手創業，既無設備，又無書籍。一開始就派幾位學長賀凌虛、呂實強、李國祁分別去各大圖書館抄寫近代史書目。所中則留鄧汝言與鄙人代辦一些瑣屑雜務。也決不會坐在桌檯飲茶。大多是做抄工，包括書信文牘。鄧兄字寫得好，自是最早成為本所的文案老夫子，我不過是打下手而已。

所幸第二好運轉來，一則可以搬到南港辦公，二則亞洲協會（Asian Foundation）捐來美金一萬元，供近代史所購買圖書。其中有一定指定要做的義務，亞洲協會代表是美國漢學家饒大衛（David Nelson Rowe），他立意要編纂清代道光、咸豐、同治三朝《籌辦夷務始末》之索引，要求郭老師助他完成。那時國庫窘困，經費難得，近代史所開辦起卻是沒有圖書，有此一萬美元小資本，就可向日本、香港購買大批中文書。我們後輩承郭老師分派，令賀凌虛、呂實強、李國祁和我共四人，合編三朝《籌辦夷務始末》索引，要求在一年之內編成。他人如何看法不能揣度，在我而言，真是一步走上治史之路，老師豈會擘著我的手教我學問，此一安排，我將終生受用無窮，這使《籌辦夷務始末》這一套二百六十卷的外交史料，伴著我一生做出多量之外交論著。此非吹噓，請一閱鄙人之書《弱國的外交》（北京，廣西師範大學出版社，二〇〇八年印）和《晚清商約外交》（北京，中華書局，二〇〇九年印），老師順手引帶入門，使我度化成一個史學家。我真是感到驟得天幸，遇到名師，自是深深感念師恩。

我們受命編輯索引，完全聽命於饒大衛教授所規定做活，雖是後生小子，也還具有編纂常識，隨時看出饒大衛雖是長輩，卻是不深悉中國政治體制，文書格式，完全要我們照其想法，機械方式做索引，例如官名一項，就造成白做，而事倍功半。例如兩廣總督只是官名，卻要作廣東、廣西、總督三個索引，例如蘇松太道一個官名，卻要分做蘇州、松江、太倉、道員四個索引。我們忠告饒教授，如此會失去官名意義，而他堅持己見，不容分辯。只有聽命做事。像是書中官名之多，如延建邵道、寧紹台道等等，俱是一個官名分抄四處索引，是使我們下四倍功夫做無用之工作，於是就把書中常見語詞「夷性犬羊」，指饒教授來嘲笑傳談。此書完成，很快出版，我亦有幸列名作者，並亦受贈一冊，一直留用至今。

郭夫子創業艱難，竟然得道多助。原來郭夫子與外交部洽商，將其廢而不用之舊檔案如清代總理衙門檔案、北洋政府外務部檔案，可交近代史所代為編成資料書問世，可有益於學術，更可使人增長外交知識。外交部幾位賢明領袖，時昭瀛（時為次長）、葉公超、沈昌煥、朱撫松（時為司長），俱有遠識，亦尊重學術，同意將北伐以前之舊檔卷，一概交與近代史所保管，但附帶要求選編其中史料刊印。並每年向外交部提供使用情況報告，而印出資料，俱須送呈十部給外交部。

外交部主持移交者是朱撫松司長，每日親來南港點交登帳者是青年外交官石承仁先生。在本所開箱搬出資料者是由鄧汝言與我做此活。而登錄入冊者是呂實強、李國祁二位學長。這些檔案，清代原來俱編輯成冊，叫做清檔，乃是清代全面各衙門一致俱編清檔，而今能見者只有總理衙門清檔。至於共和民國時代無此規制，所存檔卷只有分類打包，俱是原檔，或亦稱為散檔，想知究竟，仍是到近代史所參觀。外交部前輩耆宿之遠大眼光，愛惜國家文獻，信重學界合作，實是令人欽敬。像時昭瀛、葉公超、沈昌煥、朱撫松、石承仁諸位先生，本人已不下第七次寫入文章表述，其貢獻應受到國人長久崇敬。

近代史所有了外交檔案，郭夫子卻要承擔責任，必須把檔案編纂成書，於是我們也有了義務，每人會分配編輯工作。在學問這一角度看，我們是不期然走上處理原始資料進境，這原是求之不得也。郭夫子不用手段，分配好每人工作，也就一舉而定下每人的研究方向。

郭夫子一旦接到了外交檔，而劍及履及隨即決定先編輯《海防檔》，外界或不知底蘊，而學者專家也不見得能熟知為甚麼要先編《海防檔》。但凡治外交史者、寫外交體制者，向未見有人提及，願就此略作申說。基本上，只全出於清代總理衙門體制。總理衙門，比六部簡單，設有堂官、分司，設有尚書、侍郎、郎中、員外郎主事，在各司運作。而總理衙門則只是由數位大臣合力做事，卻一定有一位王爺主政，衙門簡單，卻事務紛繁。官員少而頭緒多，沒有分司，卻把工作分納於五個股。其結構主體就只有：英國股、管通商；法國股，管教務教案；俄國股，管邊界及陸路通商；美國股，管出使、領事及僑務。最後一個海防股，管造船、造礮、海江防務砲臺、港口航運、開礦、鐵路及電綫等，總體看算是國防建設工業，卻在當時命之為海防。而其累積文件文獻，就是今人習稱之自強運動文獻。而《海防檔》則代表當年海防股之檔卷而已。

郭夫子指派五個人從事編輯《海防檔》，呂實強編購買船礮以及航運，李國祁編鐵路，王爾敏編機器局（即兵工業），鄧汝言編福州船廠，黃嘉謨編電綫。後來發現有《礦務檔》，乃又另由李恩涵、王璽合編《礦務檔》，與《海防檔》並行。如此一來，我們七人生平要循行治學之路也就自然定下來。鄙人一生研究軍事史，實自此時由夫子之命而定下來，一位史學大師，自識學術途徑，在他舉重若輕，一日之間定下我們每人一生治學之路，還會需要耳提面命叮嚀囑告嗎？

《海防檔》出版後，郭夫子又指令我等編輯《中法越南交涉檔》，參與工作者有呂實強、王爾敏、李恩涵、王璽、王樹槐五人，亦是須一年完成。同其時夫子又委派李毓澍、林明德編輯《中日韓關係檔》，自是李毓澍、林明德亦均將志趣專致於中日韓關係之研究領域。

接續下來，郭夫子仍是不斷選擇各樣專門檔案，交所中後生學者加入編纂，其中黃福慶從事最力，編出資料書亦最多，自然也最辛苦。黃福慶一直負責編出《四國新檔》、《夷務始末補遺》、《中美關係檔》、《澳門專檔》、《膠澳專檔》等書。他任事最久、做檔案資料最多，在此一點上，他最配稱郭夫子門下檔案專家。不過黃先生的學問專長則以中日文化關係以及留日學生最具權威經驗。

郭廷以先生創立近代史研究所，帶領後生學者研治近代史，實自抱負建造史學學術理想，當不以編纂檔案史料視為滿足。郭夫子具國際聲望，與美國學界領袖費正清（John King Fairbank）、韋慕庭（C. Martin Wilbur）、戴德華（George E. Taylor）、梅谷（Franz Michael）、畢乃德（Knight Biggerstaff）、饒大衛、史麟書（Earl Swisher）等是好友，由是而於開所以來，即注重與美國學界作學術交流。夫子在以近代史研究所之現有實力，開闢兩三個與美國各大學展開合作項目。其一是與華盛頓大學合作研究中俄關係，編纂中俄關係檔案，以所中其兩位大弟子李毓澍、王聿均從事此一門類工作，並由另一弟子黃嘉謨從事中美關係資料編纂。乃由是使王聿均及李毓澍各有專著完成，王聿均著成《中蘇外交的序幕》、李毓澍著成《外蒙古撤治問題》，而黃嘉謨則能寫成《美國與台灣》一書。其二，是與哈佛燕京社合作，得其資助而編纂《中國近代對西方認識》之一套資料，乃是由王萍女士從事編選，最後則能寫出《西方曆算學之輸入》。在近代史所整體之出版品而言，此是惟一之科學史著作。

其三，則是最重要之一項合作計畫，亦是中國史學界首創之一門新方向，也就是《口述史》（Oral History）一門之建立。得到哥倫比亞大學資助，由郭夫子主持，沈雲龍先生協助。全部引聘青年學者作直接訪問採錄工作，其中網羅之重要門人弟子有陳三井、張朋園、劉鳳翰、陳存恭、張玉法、謝文孫、馬天綱、賈廷詩等。分別作口述史採訪、編輯、紀錄工作。乃是最能保存當時各界領袖，存蓄其生平志節功業之完善傳記性紀錄，足以有利於現代史之研究參考。

有此三大計畫，再加上編纂檔案，正可寫照郭夫子開拓研究領域之廣，培育後生學者之劍及履及，可使各人有所專攻，有所發揮，有所成就，真可配稱史學大師。

郭夫子建樹一門學術，門下子弟尚不止上述諸位大弟子小門徒，由於一些菁華俊髦，往往隨時出國深造，尚有不少人中道而離開他者。最早有三位佳人，她們是駱雪倫、王執文、許淑真，就改赴海外留學了。也是同時早期來夫子門下受教之兩位學長鄧汝言、李作華亦俱赴美留學。此外後來者尚有郭正昭、許大川、李本唐、馬天綱、謝文孫、亓冰峰、賈廷詩、史靜波、夏沛然、李正三、李金治等，相繼赴美留學。而在此之外，後來所者，亦有長久與大家相伴共患難之同仁，其如陸寶千（著作多種，最精儒學群經）、陶英惠（研究蔡元培）、張存武（研究中韓關係）、趙中孚（研究東三省現代化）、蘇雲峰（研究近代大學教育）、魏秀梅（撰著職官表）、李健民（研究中英關係及秘密會社）、張秋雯（研究川邊瞻對之經營問題），俱學有專攻，著作堅卓。俱不負夫子陶冶裁成。

說到此處，有人或質問，郭廷以（量宇）先生之教導後進，引領治學，究竟只是身教神予，或是開講傳授？要我能說清楚，這很容易回答，請查閱已出版二十多年之一本《近代史研究所大事紀要》，其中按年月日記載，在郭夫子在世之時，所中安排有三位師長，就是量宇師和張貴永師和陶振譽師，他們是親在講壇為我等後生開講專題，其中以郭夫子講次最多。所謂傳道授業解惑，一概俱全。除大事紀要之外，尚有更多次之召集談話，以及我等後輩報告專題後之講評，如非麻木不仁，那有不受益之理？

至於郭夫子開闢之口述史，一切自零做起。他是請來沈雲龍先生，兩人帶領青年學者，也是天天不斷口解指畫，教導後輩，決不是一出門就訪問，其知識背景，要將受訪者先摸清楚，乃是需要很繁複之預備工作。此事若一詢問陳三井先生便可明白其任事不易，自有不少甘苦。至於口述史的實際經驗，最後要以沈懷玉女士致力最勤，成書最多。

說來明確可見，情景易察。郭夫子創立研究學問之地，即在南港一隅，蓽路藍縷，開發近代史研治中心，其一切體制規畫，人員延攬，亦全由郭先生一手操持，獨力擔當。調教後學，因乃可以得其啟牖，而能造就數十位專業學人，各自獲其獨當一面之專門人才。算來我輩後生有三十餘位名登士林，著作等身，成就可觀。凡此亦俱出於郭夫子心血培育而成，學界豈有異言？

事實上，尚有一些特例應作交代。比如說最早公開宣示承受郭夫子教益而在學界博得外交史大師之學者唐德剛先生，應是郭夫子早期大弟子。他在三十餘年前在台北講演，宣示其昔年承受郭夫子之教誨，而隨即立志研治中國近代外交史的志趣。後來他在台出版大著：《晚清七十年》，書中對郭廷以先生特作重要申述，以表弟子懷仰之忱，他真是我們大家的榜樣。

另外尚有三個特例必須交代。其一是賀凌虛教授，郭夫子成立近代史研究所，他是最先受聘來工作，並亦參與編《籌辦夷務始末》索引。只是他因為要追隨薩孟武先生讀政治學博士，遂即離開了夫子門下。他原是郭夫子門人，此後實是薩教授陶鑄而成的學者，一直以政治學為專業。我們不能勉強把他看成同一門派，乃是十分清楚的。

其二，是呂士朋先生，他亦是早先受聘前來工作，卻因前時在台大讀書惹了麻煩，竟被拘押收監，郭夫子最初保留其薪水以待其能獲自由，未料遙遙無期，方由研究院停發薪水。數年之後，終得自由，量宇師則仍續聘延攬，更未料在職不久，呂先生卻受聘到東海大學任教，亦自闢其個人專長，凡明史、清史無不健長。自與我輩同仁保持友好關係，精神契誼不忘郭夫子之愛護。但我輩同道朋友亦不能勉強屈使呂教授列為同一門派。呂先生自有其學問自信，專業特長。

其三，是金承藝先生。金先生系出前清皇族，曾經其相告乃出於太祖系儲英後嗣。身材魁梧，談吐爽朗豁達。惟其係北京大學出身，思想自由宏肆。一直在

《自由中國》社任編輯，卻因此際停刊，來中央研究院暫倚胡適院長，任私人助理。惟其志趣要作清史研究，希望能進入歷史語言研究所，憑胡院長推荐，應能順理成章。未料歷史語言研究所未肯接納，金兄久候不成，改由胡院長向近代史研究所推荐，而郭夫子欣然接受。於一九六二年二月一日延聘金兄為助理研究員，自乃以研究清史為職志。金先生到職，與同仁相處融洽，與鄙人尤為契合。他自認真做清史研究，勤力深入考索，並撰著論文。未料同一年澳洲墨爾本大學招聘中國語文教師，他應聘成功，遂於此年七月辭聘赴澳洲任教。他雖在南港短暫勾留，卻與我建立深厚友誼，尤亦不忘近代史研究所，凡到台北回探親友，必來南港，甚至居住院中。二年前我曾撰文紀念，投稿《傳記文學》迄今尚未登載，甚覺可惜。人已云亡，實深感繫。像金兄來本院，無非避難性質，而其於北大精神，篤信至深，抱持甚堅。他自有淵源背景，我輩豈可勉強拉為同一學派？他不幸未老而逝，我自悼惜不置，尤須在其身後，維護其生前志節。

郭夫子門下之高才儁髦，有的赴海外深造，有的到他處發展，而留下來追隨夫子研究史學，大抵不下三十位，亦俱由郭老師一手選拔，並非無能之輩，只有我算是平庸下駟，有賴夫子督教。其餘亦俱是聞一知十，我則只能聞一知五。而奮勉力學亦不後人，尚可與諸學長聯鑣共進。因是在此晚年回顧，敢於執筆耑述師門之教澤。惟因各家才識不同，領悟有別，則信人人各有一番反省迴思，終是觀感各異。

以我個人所領悟，能接受郭夫子啟牖而承其陶冶訓迪所得之治史方術，可粗略舉示四端：

其一，是年代學，好像記年代是件苦事，實則此是歷史脈絡線索，宗旨在由年代先後，見出歷史動向，可以理出因果關係，推知事態演變與走向。掌握年代，判析最為可靠而足以服人。我等同輩學長，無不長於年代學，乃是我們看家本領。在同輩之中要以魏秀梅教授最具功力、最為出色。

其二，是掌故學，我曾專開此課教授博士班。而我等同受郭夫子訓誨裁成，亦承夫子指定俱以做掌故研究為主。章學誠明白指出掌故者乃是典章制度、風俗禮儀、天文地輿、器物技藝，而決不是等同故事。我之同門學長承夫子指定，每人俱有屬於掌故之著作，例如張玉法的《清季的革命團體》、陳三井的《勤工儉學的發展》、王樹槐的《庚子賠款》、劉鳳翰的《武衛軍》等俱是屬於掌故。鄙人之此類專書例如《五口通商變局》即是。吾輩有二十餘位學者，人人俱有此類著作，代表對夫子之繼承。

其三，歷史上重大問題要優先處理，決不計其複雜紆曲，志要先加解決，向世人提供正確答案，向國人化約正確知識。因是郭夫子創所起始，先令我等晚輩七人研究自強運動與自強新政。我等每人皆著有專書問世，學界可以覆按。

其四，要建立歷史通識。郭夫子治史最重通識，即是劉知幾所謂之史識。但凡皓首治學，不得史識，即是學究。郭夫子要陶鑄者是學人，不是學究，故而立言多論史識。鄙人已寫史學學術之書三種，俱是在展現個人史識，以不負師門所教。

郭廷以先生注重史料，大量購置圖書之外，又取得數百箱外交檔案。此外又向經濟部官員李國鼎、趙耀東、王昭明、孫震等有魄力、有遠見之政壇領袖，先後接收七百餘箱經濟檔案，以供學者公開參閱，我曾著文提到上述諸位長官已不下五次。說來這大批檔案，巨量圖書，郭夫子個人未嘗加以引用，未嘗藉此做任何研究，一切俱是供我們後生參考，成就學問。我們若不能努力上進，深入研究，貢獻學術，那真的是辜負老師一番栽培之苦心了。

我是郭夫子門下末學後進，承夫子特愛而有今日成就，到今已至耄耋之年，回念夫子心血造就同仁，創此南港學派，今時再不寫下一鱗半爪，真是有負師教，於心不安。草草成章，以備世人之觀覽。聊足以慰我感仰師門教誨之厚恩。

二〇〇九年九月九日歲在己丑寫於多倫多之柳谷草堂

紀念史學家郭廷以先生

一九八五年夏秋之際，中央研究院近代史研究所寄來稿約通知，計劃為創建該所首任所長郭廷以（量宇）先生逝世十周年出紀念集。這個設想十分好，郭先生開創近代史研究所，艱難締造，苦心經營，終於打定一個高水準的研究機構。同時在學術上建樹一門嚴肅的學術領域，陶鑄出不少近代史專家，抑且也自然醞釀出獨特學風與近代史的治史風格。就近代史研究而言，郭先生實是當代開山大師，我們紀念他，是很具有重大意義的。

我個人自一九五〇年在大學追隨量宇師學習，嗣後並在中央研究院近代史研究所追隨他研究，前後二十餘年。生平學問多由他教導培訓而成，真可說是受益最深。我在一九五四年學成畢業，但自一九五五年進入中央研究院近代史研究所。我生平從事研究以來，前後編纂的資料十種以上，工具書二種，完成專書四種，撰寫近代史學術論文七十篇。另撰生活雜文短文一百三十餘篇。我固然隨時警惕，嚴肅認真，不敢有辱師門聲名。然而也足以代表個人的學術自信，總算是一種成就，一種貢獻。但如果沒有最初量宇師的嚴教督責，當也不會有後日這些累積。單就我個人來說，我是一直感懷師恩，永誌不忘。

在大學讀書，所受量宇師的課程數種：「中國近代史」、「中國現代史」，同時也毫不間斷的旁聽他的「元明史」和「明清史」。就今日看來，我做研究三十餘年，仍還不及量宇師學問的淵博，範圍寬廣。單就中國近代史而言，我和我的舊日同窗同僚，在他指教之下，自是各具專長，各擅勝場。而在總的全面知識而言，仍均不及郭師甚多。量宇師晚年完成《中國近代史事日誌》二冊，《中華民國史事日誌》四冊，以及《近代中國史綱》，應為他生平最精簡最博通的傑作。以我今日的學問成就只能補充，但決無能力寫出這樣扼要深入而又簡明的作品。這書已售賣到第四次印刷，中文大學出版社正在計劃改出新版。大概會在一九八六年問世，正可作為他逝世十周年的紀念。

量宇師平時不苟言笑，態度凝重而嚴肅，這使我自來就懼怕三分。在校期間，除了上課，絕少有機會和他談話。在中央研究院追隨他工作，也很少有私人接談的機會。我除了每逢年關春節與同學們登門向老師師母拜年，說些祝頌吉祥話，其餘全年也不會再進府門。現在發現，我對量宇師頗缺少弟子親敬之禮。另一方面說來，他是我最直接的主管、頂頭上司。但也全然不拘主從的禮貌，仍像平時做學生一樣。在這一點來說，我一則深感幸運得老師的提攜，二則更感幸運遇到一個寬大為懷的長官。我的學問品德的陶鑄，勇往直前的精神，都是得到這樣的師長主管的培育而來。我的其他同事也是如此。我希望舊日的同事們都能本著良知來紀念他。

就史學家而言，量宇師的三部日誌（前述二者再加《太平天國史事日誌》）貫通了近代現代全部史實（一七九二－一九四九），一般學者都拿來作工具書。但在春秋編年一門家法而言，也可以言是踵事增華，後來居上。量宇師另有《太平天國曆法考訂》一書，代表他的紮實的考證功力。在他一生著作之中，這書最不重要的。他的專題論文，篇篇精彩。〈中國近代化的延誤〉發表於三十多年以前，是以史學學術態度探討現代化的先驅。其他人有關研究中國現代化的論文均較此作為晚。此外尚有三十年前所發表的〈太平天國的集權統治〉，這篇論文有堅強論據和具體分析。這一專題的重要性，是在太平天國史的研究上，與現有民族革命說和農民起義說成為鼎立的對峙理論。另有兩篇重要專論，一是〈中國近代西洋文化的認識及其輸入〉，也是三十年前所發表。代表郭先生對於近代思想史文化史的深入見解。最後我仍必須再次提到他的不朽巨著，就是在香港中文大學所印行的《近代中國史綱》。應該用深刻簡要博通來形容，每一兩句話就具有深長意味。我這樣講，願對學術界負永久責任。量宇師在抗戰前早已印行《近代中國史》第一、第二兩冊。近代史家多抄其中資料，而並不肯提他。我在近代史已耗三十多年心血，豈會看不出那些文抄公的剽竊？

今日學術教育界的情勢，師生關係冷淡已達極點，我們身為其中一分子，應該反省，應該負責，應該以身作則，提倡尊師重道。前人遠的不說，現成近身可見的例子應該表揚。康有為去世已六十年，他的天游學院的門人蔣貴麟先生，花十多年功夫到處抄錄搜集康氏遺墨文牘，終在前數年為康氏刊印出《萬木草堂全集》。康氏已逝世多年，做弟子門人仍能為老師如此盡心，真是令人欽敬。康氏在青島的墳墓早被中共破壞，現在重新修復，他的門人九十高齡的名畫家劉海粟特別從上海趕到青島並為康氏撰寫墓碑，劉氏已是當代久享盛名的大師，尚且如此崇敬六十年前逝去的老師，這種風誼，令人瞻仰欽佩。我今日紀念十年前逝去的老師，特別並舉當代賢哲，用以勉勵自己，長期效法他們。同時也要提醒學界人士，我們當代各類學者大家能有幾人可以在死後六十年還會受人紀念尊敬？只怕都還應該多多身體力行的尊師重道纔好。

中華民國七十五年三月十一日
刊於香港《星島日報》

懷念恩師王成椿教授

王成椿教授字壽巖，浙江人，久寓上海，出身北京大學，而且久在上海同濟大學任物理學教授，並曾擔任訓導長職務，關愛學子生活，困苦者每多為輔助，得渡窘危，甚受學生愛戴。王師民國三十八年（一九四九）携眷來台，就任台灣師範學院理化系教授，一度擔任訓導長，為時只有一年。

我於民國三十九年（一九五〇）七月考進台灣師範學院史地系，並無機會接受王教授教導。惟因同班同學蔣達泉君係江蘇丹陽人，而其熟識高我們兩級的理化系同學趙金祁先生（後來任中山大學校長，又任教育部次長），趙學長乃是江蘇南滙人，蔣兄與之同為蘇人，遂得引介於成椿師，蔣兄並拉我趨謁王師。由是常在一起到王師家中拜候並謁見王師母。

我自是向來未曾接受過王教授所教物理課，但平日承王師身教談話，卻獲致更多科學知識，特別是成椿師的待人接物，以及其所論及同濟大學校風、台灣教育界前輩，對於我後來做人做事，都起了效法仿習作用，生平真是所受啟牖良多。

但凡到王老師家，我幾乎全與蔣達泉學長同出同進。王老師雖是浙人，而操流利京話，口才極好。我們並未參加王老師在外面的學術講演，但卻跑到他寓舍聆聽他在科學家集會中講演：「原子能和平用途」，講辭長達一個多小時。王老師口齒清晰，條理分明，態度謙和，措詞委婉，全講一氣呵成，聽之不倦。我雖完全外行，亦能明白領悟，內心十分欽服。至今我尚能記得，他一開始向在坐的原子能專家吳靜先生表達請教的客氣話，使我後來學到對同道學者的尊重與謙讓。請查看我的生平著作，是不是常常推引同道先驅學者。跟著王老師當學生之時，我是學到了，而且是終身履踐。

我們同學尚有一位就讀中文系的謝雲飛學長，有時同在王老師家，謝同學自然是一位國學老夫子，王老師看重他的文彩，只是就應閱而言，我們三人出身文科，惟有我是最無用。蔣達泉學長精明能幹，年長於我，很有應世之才。王老師很依信他，他就每次拉著我，這樣也就跟上去，一同為王老師做一點事。

我們的師範學院院長是劉真（字白如）先生，領導學校風氣蒸蒸日上，學校雖小，卻很有活力。平日上課傳授學識之外，課外活動很多，各系球賽之外，又有辦壁報，刊文章，而常有話劇表演、音樂演奏、體能表演、國劇演唱、藝術歌曲演唱，乃使我等學校生活多彩多姿。到了暑假好像大家分散，一切停輟，其實活動並未停歇。除了本地同學各自帶走箱笥，各自回家鄉與家人團聚，而學校訓導處推動，但凡平日表現才藝者，多被選召而組隊出外勞軍，會唱會演者、會各樣樂器表演者、會演戲者、會說相聲者，一概加入勞軍隊到外埠去了。我個人以校為家，所有寒暑假一概留在學校宿舍裡，但凡遇上暑假，也是不會閒著。因為此時政府辦理暑期教師講習班，要徵調各中學教師，來接受兩三個月講習。一概請來專門名家前來講課，仍分各個專門科別，同時亦設有教務處與訓導處，俱聘本院老師分擔。一般而言，王成椿老師常受聘講習班訓導長。此時王老師除了邀約訓導處一位張柏麟先生（山東籍）前來幫忙，而下手工作人員就找來蔣達泉學長和我來工作，另有一位女同學楊宏瑛（上海人），讀藝術系，我們就組成了講習班訓導處一幫工作人員。張柏麟先生一人算是其中一位內行，專門處理各樣公文，我們學生只是跟著學習。這種機會自會給予我學得不少做事經驗和人生閱歷。

感念王成椿師對我的愛護提攜，關照教導。在校期間有兩次追隨他服務於暑期教師講習班，可為我進入社會一種歷練一種準備。更落實的說明王老師的關懷，就是要使我在暑期服務的工作中，賺到一些生活津貼，可使我一個孤苦無告的窮學生，可以有錢買書添衣物，並有零用錢可使。王師給我這樣機會，就是照顧窮學生的善策，我與蔣達泉是畢生感念，至今不忘。

想想我們只是在校讀書的學生，能有甚麼機會見識到人與人間的交際來往。其時王老師也未給我們做甚麼要公，只是代他坐守辦公室，代他跑腿做些小事而已。不過我們所學全在自己用心。不要小看師院只是辦一個暑期教師講習班，為時只有兩三個月。世人或想不到，各樣人物各類人才，來會者不少。既有不少大學教授，也有教育廳派來的官員，甚至國防部也派來一位將官級的總教官，原派是位姓郭的，他出現一次就未再來。接著另派施中權少將前來，施將軍平易近人，練達謙和。他是經常來見王老師，桐城人，雖佩有金星，將官階徽，卻是像個文官，毫不擺架子，談吐很謙和。後來聽說他留在師院做總教官。施中權也很喜歡和我們青年學生閒談，由於已過五十多年，他說了甚麼我已完全記不起來了。

同一時程中，穿梭於講習班訓導處的教育官員也有幾位，多半匆匆談幾句話就離開，自是為了開會交換意見，沒有一個會坐得久的。這些人中我尚能記得兩位，一位是汪洋先生，一位是朱滙森先生。主要是在我晚年也和朱先生因其做了國史館館長有了接觸的機會。就是我們已退休，也還有一些開會見面機會。而汪洋先生則是名字易記。

其實各地要來接受講習的教師和校長，自也是乘此時會到台北各有私人目的，教師自較單純，而前來的那些校長們則是要到台北各自別有算計，分投各有經營去處。他們心不在此，又要在班中表現特殊，一遇開會討論，就不免多方挑剔，大逞高見，順勢譏貶教育當局。點子夠多，花樣百出。此時王老師就不免展示出他的才識經驗。我從旁所觀，佩服王老師的機智老練，真是增長不少見識。事隔五十多年，一兩期講習班如過眼雲烟，能存記的不多。但有一例，可以略述大概。

我在學期中跟老師跑腿，一切學習尚來不及，那裡會有自己撞上甚麼露臉的機會？其時不巧正在訓導處呆坐，卻來了一位高個子的中學校長，見不到王主任，就告我轉話。哎呀！一看他的名牌，原來是我的家鄉老父母官田維五先生，當我在讀中學低年級時，他是河南省第七區行政督察專員，要監督七個縣長和縣政。我立即叫一聲田專員你好！他也大為驚訝！回問我怎會知道他是一位專員？我說明身分和家鄉情形，就站在那裡和我大談很久，難得表一表他的輝煌政績，想想我這樣一個未入道的學生，怎能是他發揮高論的對手，就是唯唯諾諾，也接不上線。不過卻碰上了轉機，他原來沒好氣找王老師，適巧王老師不在，卻難得的和我大談過去，得意而又興奮，隨之態度十分緩和的表示要和王老師談一談，下次再來。原來田校長是花蓮省立工職校長，不過藉此出差到台北看看朋友。想想這樣一個暑期講習班那裡會在他眼裡？我等到王老師回辦公室，就詳細報告了田校長的來意與其身分背景。

不幾天，果然田校長又來訓導處見王老師，這次謙和而友善。王老師開頭說：你這位大專員委屈在我們教育界，誰不為你叫屈呢？田校長回答：沒有法子，在此只是混混。人的際遇不同那就算啦。看看我的前任劉錫五先生（我讀小學時任第七區督察專員）就大不同，他現在是立法委員，而我只是鄉下裡的一個中學校長，彼此差別真大。王老師說相信你到台北，一定是要會見不少各界朋友，有機會我也給你介紹幾位。像張厲生先生（部長）、陳大榕先生（立委）等都是好友，可以不妨見見。田校長笑著回說謝謝你，那就拜託拜託。兩人的對話說得投機。王老師一直是開懷暢談，揮洒自如。正見出他待人接物，俱已成竹在胸。一席話和田校長建立了良好關係，真值得我學習效法。

劉錫五、田維五是我幼少年讀小學和中學時的父母官，因而長存記憶，此外家鄉的大官只記得幾個抗戰時期的省長，和教育廳長魯蕩平先生。距今俱已六十多年，已是不復省記。

我這個窮苦無靠的青年人，流浪在外，歷盡艱難，而自進入師大，生活之艱困窮愁，舒息不少，又能得到王成椿教授照顧，給我一個歷練服務的機會，人生經驗增益不少。他的愛顧尚不止此。我在校攻讀四年，王教授為蔣達泉和我爭到訓導處兩次獎學金，數量並不多，但足以貼補日用。此是出於王老師的特愛，此生俱不能忘記。

王老師對我最深的關照，最大的恩惠是幫助我解決學籍問題。我的學籍怎會出了問題？在此要申說一點個人與時勢背景。我在抗戰末期方讀到高中，我自初中到高中換了三個學校，卻都是經由朱紀章（字修亭，河南省教育專員，來台任立法委員）先生所創辦，他分別辦了豫東游擊區槐店聯中、周口聯中和扶溝聯中，辦成就委派別人做校長。我剛考進周口聯中高中，不久日軍佔領了周口，我失學有一年之久。而朱夫子紀章先生，就在淮陽縣境一個未淪陷的小鎮水寨，招進這三個學校學生來上學。這個臨時佔住前清大臣袁甲三的舊房宅，就成了臨時校舍。而全部的舊日班子，大多教師原是扶溝聯中為主。我就在這離敵人三十里左右的小鎮讀高中。一九四五年抗日戰爭勝利，我們這個飄搖借居的中學，在政局大定之際，也取消了游擊區名義，被教育廳授命改遷睢陽縣，成為省立睢縣高中。我就跟隨學校到睢縣，高中完成學業，為時已至民國三十五年（一九四六）。我是正式取得畢業文憑的睢縣高中畢業生。我自然在一九四七年與二位同學趕到漢口考大學，幾個大學都借用武漢大學招生。我們三人應考，全部名落孫山。我們回到周口家鄉，次年共軍打進周口，我倉促間帶了一分畢業證書，再趕去漢口投考大學，而又是失利，時在一九四八年。想去山東投親，而濟南亦有亂事。只好個人投入青年軍，同年端陽節前已到台灣。這中間時間雖短，我卻歷經波折，被人借錢坑了一些，而借錢的老千還大聲說你別向我討債，我講信用，借錢不會不還的。而我自徐州投軍，在蕪湖、上海，不慎又丟掉全部家當財物，這中間也有我的畢業證書。還好我在台灣軍中遇到好連長何希文先生，我們駐軍屏東，其時有我高中同班同學早年投效空軍的蘇潤龍先生，託其好友到屏東和何希文連長商量，請他放行，就把我接到岡山的空軍通信學校。當時他們給我安排一個文書士的職位，使我得有空暇，準備功課，投考大學。我當然要感謝接我出去的兩位空軍軍官，一位是李作唐先生，一位是杜桂林先生，直到我在一九五〇年七月考入省立師範學院，纔真算是如魚得水。

背景既已交代，可以回到學籍問題的發生。我在師院讀完四年級就要畢業，教務處一天通知一些有學籍問題的學生一起到教務處去見一位主辦學籍的教務員，忘記其姓名，他多年管理同學成績，一向鐵面無私。這次找到我們這一批將要畢業的同學，一開始就說你們的學籍都成問題，可是他一改溫和的口氣說，學校早就知道你們的學籍多不實在，校長和教務長俱不主張太追究。這個學校是造就人才，不會找人麻煩，只是你們畢業，學校要把學籍資料報到教育部，因此找你們來在你們的學籍附上一個證明，一般是要必須由在大陸曾擔任過教育首長，出一個證明就可以。有的同學還在硬嘴爭辯，而我則承認原來證件遺失，只好拿假的充當。其實我自己仍有麻煩，若果我是冒用河南省的一些中學，此時我的老校長朱紀章先生，他一直每月供我一百元生活費，要找他作一證明並不難。只是當初投考師院和空軍的三位朋友一起報名，那時都拿湖南省的私立中學充殼子，他們未考取，只有我一人鯉魚進龍門，此時可作了難。於是只有找王老師幫忙。王老師聞知實情，大力為我奔走，輾轉找教育界朋友幫忙。終於由他拜託了前湖南省教育廳長魯立剛先生，囑命我去見魯先生的台北住所。我到魯先生家，見到了他，說明王老師介紹我來，求他作學籍證明。魯先生毫不猶豫的為我開寫證明書。我見他家徒四壁，十分清廉，但在几案之上，放有他站在蔣總統身旁的一幅照片，真是一個忠黨愛國的模範，心下十分感佩的教育家。

想一想若無王老師熱心奔走，設法解決我的學籍問題，我勢不能畢業，又怎能會有後日的成就？王老師對我實有再造之恩，此生永遠懷仰他的厚愛。

看看今世之教育界，那與昔時有天淵之別。豈有當年之師道？何得以謂為教育家？想望先師典型，令人無限景重，惟祝王老師在天之靈，尚能昭見我這後生門人的追懷。

二〇〇七年四月十日寫於台北之善刀書屋

懷仰劉廣京先生的師儒風範

我們史學界前輩劉廣京先生在去年（二〇〇六）九月二十九日病逝加州（Davis, California），士林聞之，無不痛惜失去良師益友，其時已近十月，趕不及在台投文刊入十月之《傳記文學》，且亦無從倉促特草紀念文章。所幸吾之書稿在同年四月前已完成，並已交付北京廣西師範大學出版社，訂立合約（三月訂約），即將安排出版，而卻展限至年尾刊布。其中有介紹劉廣京先生專文一篇，適託台北同仁魏秀梅教授，加敘追悼之詞於文末，立即投送《傳記文學》，幸於十一月之期刊印問世。一則表達我們後輩的追思懷念，一則暴表劉先生生平對於我近代史研究所中全體同道的愛護、鼓勵、教導與提攜。此文未達二萬字，而內涵足以概見劉先生的志識學問以及其高潔行誼。拙著在北京出版，其文尤可傳示各界。

惟拙文在介紹劉先生學問及同道後輩之全面關係，吾固已盡所知而展述，卻決不宜多寫到我與劉先生之深厚關係，並專門就此種相交往切磋以及個人所承感德義。迄今仍自感到疏漏而有所遺憾。

本月已是九月，將至劉先生逝世一周年紀念之期。乃欲借香港所出《中國近代史集刊》一角篇幅，布陳吾承劉先生啟牖調教與關懷支持之關係。自然全以劉先生通信遺稿作取材，單就彼此來往為範圍，不免偏頗狹隘，瑣碎散亂。鄙人既已早有述論全面文章，以個人活動領域之刻板拘域，勢亦不能貪多貪大。勢必就彼此論道以及信函零星提示，作陳敘所據，決非偏私自表，攀附賢豪。

我與劉廣京先生結緣，原起於拙著《淮軍志》受到劉先生鑑賞，答應為此書作序。直到此書問世，尚未能與劉先生相見。拙著一九六七年出版，我在一九六八年方到夏威夷，而於一九六九年四月到哈佛大學拜見劉先生，相談甚歡。後來劉先生轉到加州大學，我在台北方聯絡上，有信來往。至於通信，亦不甚頻，多在一九七〇年代。這要分兩個階段，一九七七年以前，劉先生之信多被我分別夾於軍事史、勇營、曾國藩、李鴻章等分卷資料中，而經過赴港，甚不易查，但今已找到一件最重要的有曾國藩手跡資料，出於廣京先生手抄並寄我閱讀。而一九七七年我應聘赴香港中文大學，自七七年以至八八年，各年之信今全被我帶到加拿大。是以本文將以劉先生之信採輯而展示之。

劉先生賜書，內容雜駁，有一些私事相委，亦偶記友朋交際，本文無須多提。然劉先生信精要之點亦不少。外界不知，應予披載。其信絕無長篇大論，今計直接引括，若干可以書影示人者，但選一樣作為代表。特請識者恕我粗疏無才，無法暢述劉先生學殖全貌，用一鱗半爪塗飾鯤鵬，難逃以管窺天之誚。

我們近代史治學同道，對於劉廣京先生並不陌生，對於劉先生攻研領域，亦俱熟悉。我們知道劉先生是博雅通家，治學門類，所涉甚廣。一般所知，劉先生精於研治基督教史，劉先生著有專書介紹全美國各個到中國傳教的教會。不過劉先生與我的通信與交換意見談學問，一直未嘗論及基督教史。我之研究基督教自未受到劉先生的影響。

劉先生治學的第二個領域，就是輪船航運及其在中國水域的對外商競爭。稍後當再談到。

劉先生治學的第三個領域，就是經世之儒，也要稍後再談。

劉先生治學的第四個領域，就是近代企業與商人。大凡此四個領域，劉先生下過很深功夫，並有著作問世，皆可覆按。於此看來，可知劉先生涉獵之廣，用心之深。實際劉先生的治學領域，比我在拙書中所舉者還要寬，拙書《二十世紀非主流史學與史家》中，有專文介紹劉先生，乃是對近代史研究學者全體而言，不須再加重複。本文單敘我個人所知所受，特以有文字來往可據者，一談劉先生學問品詣，其必簡短、散碎、雜亂、零星，更難免掛漏之嫌。尚祈識者只取一得之愚，以備補苴，則鄙人自可逃避疏陋寡識之罪。

鄙人以治近代軍事史起步，其受教於廣京先生者亦自軍事史始。當我草撰〈清代勇營制度〉之時，不但頻向廣京先生請教，同時又得好友康無為（Harold L. Kahn）和包德威（David Buck）二人的安排，在史丹福大學作過學術講演，在哈佛大學東亞中心也是講同一論題，時在一九六九年四月。許多軍事史詞彙，俱是劉先生親自教示，決非我有本領。

在一九六九年至一九七七年之間，我一連出版兩本思想史之書，在此領域使我具備充分自信，且在大學講授思想史之課。而在此數年中間，也是多承廣京先生指教與引領一些新方向，帶使我注意更多問題。據實而言，就是前次之長文所提到的近代商人。一來我的拙著皆可覆按，二來前文已經談過，在此就不必再重複了。

我凡著文論史，不會空言高蹈，特別是陳敘與劉先生關係，在此短文中的根據，只有本之廣京先生來信。廣京先生對於湘軍、淮軍均具興趣，涉談甚廣，但很零星，世人一定也想見見劉先生手跡，在此可以附貼一頁廣京先生書影手跡，看看他是博引曾國藩家人子孫，及其立身治家楹聯。可據此認知廣京先生對我教導之深細，可看到一位長者的用心。（書影一頁見頁一一六）

我自一九七七年受聘至香港中文大學任教，其間但凡廣京先生來信，已全部保存至今，帶到加拿大。自七七年至八八年間，僅八十七年劉先生遊走港台兩地，見面甚易，並無來信，其他各年皆有來信。以下陳敘，將以此期通函為本。不過諸信之中信數最多者，乃為劉先生委以購藥寄北京其哲弟廣容先生，自無須引述。且有劉先生訪問北京、西安、成都、廣州之行旅間來信，說明行程日期者，皆無須參酌。而仍屢屢涉及學問看法，大有珍貴可引之言，願予布陳。雖然零星，片言隻字皆可貴也。

廣京先生學殖深廣，具傳統學者博雅之質，吾私淑履行，遠不能及。前列劉先生書影，其中可見影印曾國藩楹聯，事非偶然，稍長於我等老一輩學者，既愛其含義功用，又重其文詞典麗。人人多可命筆成之。鄙人則無此根柢。七七年十二月吾已在香港，劉先生手書引到為郭量宇師所製輓聯云：

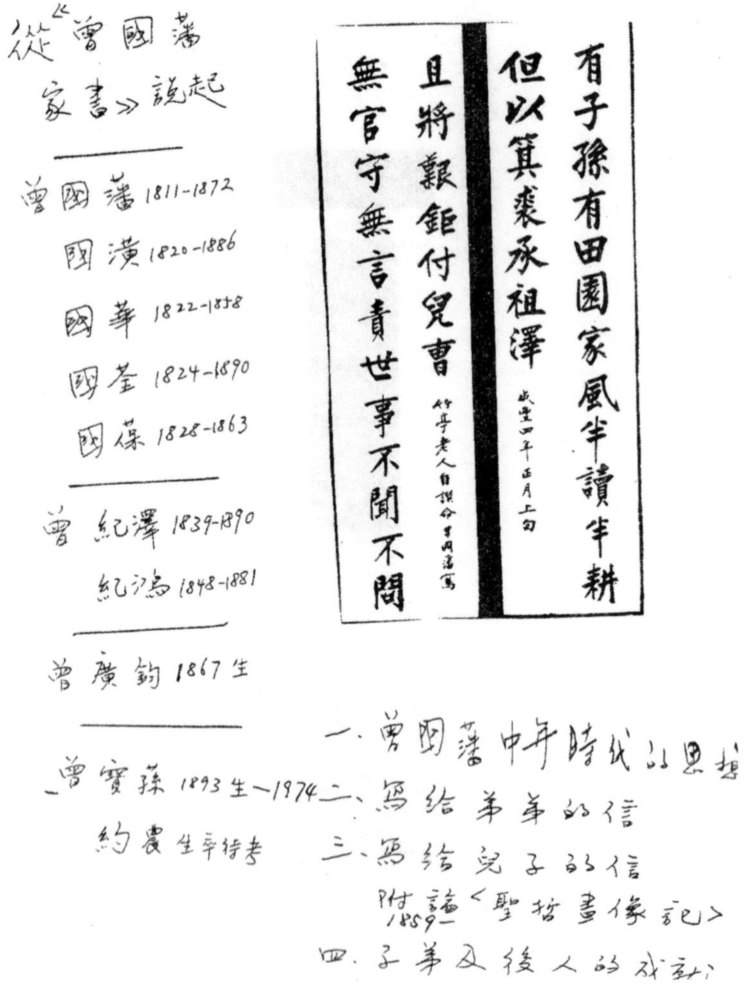
從《曾國藩家書》說起
曾國藩 1811-1872
國潢 1820-1886
國華 1822-1858
國荃 1824-1890
國葆 1828-1863
曾紀澤 1839-1890
紀鴻 1848-1881
曾廣鈞 1867生
曾寶蓀 1893生~1974
約農 生卒待考
一、曾國藩中年時代的思想
二、寫給弟弟的信
三、寫給兒子的信
附論〈聖哲畫像記〉1859
四、子弟及後人的成就
有子孫有田園家風半讀半耕
但以箕裘承祖澤
咸豐四年正月上旬
且將艱鉅付兒曹
竹亭老人自訓命子國藩寫
無官守無言責世事不聞不問

▲ 劉廣京先生書影手跡

憶量宇公逝世後不久（郭廷以先生一九七五年逝世），朋園兄來敝校參觀，弟即席作輓聯，本擬交朋園兄帶台，因避忌諱而阻。敝聯為：

明史實有先後交錯關係奚著《日誌》？

知學問須朝夕切磋激礪不畏人言。

而今則不畏人言亦不可得矣，亦時勢使然也，願守秘勿示人。

（一九七七年十二月八日信，再附言一頁。）

哎呀！我今違背廣京先生囑咐，不但示人，而且公之於世，真是罪過。想想到今我已守秘三十年，在劉先生逝世後，暴白天下，以為知人知世，亦應可免罪矣。

翻查較此之前，當我未到香港之前，劉先生來信論及李鴻章，每每相勸《淮軍志》之外，再多作李鴻章各樣有關之研究。他自然也是十分注意，用心甚廣。曾在一信特抄寄嚴復在李鴻章逝世時所製輓聯，特在此照引劉先生信中所附抄之輓聯：

苟當日早用公言則國事決不致此；

倘晚節不能自見矧時論又將何如？

於此可知廣京先生向來頗留心於輓聯之文體。後來我閱讀李肖聃之《星廬筆記》（一九八三年長沙嶽麓書社印）見到李氏所載嚴復所作李文忠公輓聯，文句大致相同。然吾則不知廣京先生所據何書。

一九七八年通信，一年之間有數封來信，惟只談相關瑣事，劉先生竟未論及學問，當然仍有隨信鼓勵之詞，事小不值引述。

先時一九七七年來港之前，但凡劉先生指教研究，每信分夾於研究所用專題資料卷中，赴港之後，難免散失。只有少數保留完整，今日追悔不善保存資料，寫完論文，遂將此類抄卷冷藏不用，生活環境改變，往往忘懷，乃至散失者多。在香港期間，惟劉先生之信則自一九七七至一九八八各年俱保存完好，今茲所論，以為依據，不免零星，亦決不可凡信俱引。尚祈識者鑑諒。

一九七九年我所保有的劉先生來信雖只兩通，卻可在其中看到他的一個近代信仰危機之觀察，精審而具通識，茲舉證於次：

實則中國禮教倫理之深入人心，乃明清治民之主要工具，亦皆本於文化本身之力量也。晚清以來，有「信仰危機」，至今而極。而西式之個人主義，在

> 港、滬及海外華僑社會，尚可生長。今日台灣亦近信之，大陸則個人主義適足增加危機，言之可歎。（一九七九年七月五日函）

其實二十世紀三十年代起，我國學界文界大肆瘋狂攻伐破壞固有文化，其來勢貫穿五六十年，造成今日文化虛無，大錯早已鑄成。廣京先生簡短數言，特別引括出信仰危機，乃是一針見血，其內心一定痛苦之極。

鄙人在此略作修改，把信仰危機改為信心崩解，比較切於實情，二十世紀以來，先是仿日企圖風從，繼改仿俄，天下披靡，近時又要仿美，又是趨之若鶩。根本是文化虛無，中無主宰，乃是中華民族極大危機。一個有智慧、有信持的文化古國，如今反不及世界上一切窮困弱小民族有自信、有自尊，此是最堪悲哀之事。須知以中國國情言，萬萬不能仿學美國，歐洲古老大小國不少，自來也不學美國，最後將是自討苦吃。人口眾多，應作窮國打算，貧富懸殊，將是亂源。好大喜功，必至破產。

在同年另一函中，劉先生進一步表示對於晚清至民初，國人引介之人道主義與個人主義表達其高度興趣與深刻之體認。相屬鄙人能有所探究，不免期許過高，請觀其言：

惟對近代中國（尤其晚清至革命為止）之人道主義與個人主義思想，頗有興趣。蓋人道主義與傳統儒家之尚仁，略有不同，因其尚博愛，有墨家精神。至於個人主義則與傳統之富貴思想亦有不同。蓋著重個人人格之自尊與個人「特立獨行」之情緒。未知我兄於此方面有無興趣。將來或可分作數文，再合作一書。未知卓見如何？暇中尚乞賜我數行，以慰馳念。（一九七九年十月二十五日函）

在此說來很慚愧，劉先生為我點出很重要論題，我竟一直做不出來，真有負前輩屬望。說實在的，此只一端，而廣京先生為我提的好論題如李鴻章、曾國藩等，他俱有信一再指教，只有李鴻章我準備多年到今還拿不出來。我實辜負師友的厚愛，真慚愧。

一九八〇年，廣京先生來信達五封之多，大半為其個人私事相託，及查資料。惟其中有一信重要，乃廣京先生明白告知其治學用心在於經世之儒，其所經營鑽探，實已達於撰寫出書之計。坦白相告，使我自此肯定廣京先生的胸懷志節，雖久居海外，目光所照乃是儒家百代之傳承，天下萬民之幸福，因是而建在研究晚清經世之儒龔自珍、魏源、包世臣三大家。茲舉示其所作構想：

> 弟近頗發憤，擬作十九世紀初葉三大家之思想（包、龔、魏），勒成一書，將來如有成，或寄近史所為專刊，或投稿中文大學出版社，未知孰較妥？此書擬先以漢文寫，然後再作英文本。英文本可在美出版也。吾兄為中國近代思想史之權威，將來尚望賜序。（一九八〇年八月二十七日函）

我甚惶恐，未想廣京先生太高抬我，不足為重。惟廣京屬告，使我領悟他的偉大師儒情懷，使我加深印象，以為所幸與當代大師結緣，此是我生平幸遇，必當宣述劉先生志節於天下。

廣京先生在美任教，百務繁忙，計畫之書未能完成，只留有〈魏源之哲學與經世思想〉論文一篇收在其大著《經世思想與新興企業》。而將其志識推展我們近代史研究同道，由他主持，在近代史研究所召開兩次近代經世思想研討會，收穫亦是宏富，足慰劉氏之心。

如前所述，廣京先生相告知其研治十九世紀經世之儒，龔、魏、包世臣的構想，並肯定斷言廣京先生為當今師儒表率。此非妄議雌黃爾，自一九八一年起，將其構想推向我們南港近代史同道，相議召開大型的經世思想研討會。分在一九八二年七月與一九八三年八月召開兩次經世思想學術會議，劉先生俱擔當主持人。因其忙於其事，而使我二人在台有見面機會，亦因此在一九八一及一九八二之兩年間，未能得到劉先生來信。

一九八三年只有一封來信，乃是在即將赴台主持會議之前寫給我，時在一九八三年七月十九日，他八月間即赴台北開會，我二人當會見面。其信中自然敘到我在會宣讀的文章，承他奬飾鼓勵。此不重要。不過有一件事對我重要，可以引作重要文證。即是此年我在中文大學承中國文化研究所所長囑命，要我評估七十七冊盛宣懷家藏文獻的價值。我做此事，那有其他奢想？在此年中略看大概，品定為近代實業及各樣人物手跡的資料精華，值得購買存藏。鄭德坤先生根據評估，決計買下，報請馬臨校長，須籌五十萬元港幣，方可買來作文化研究所一項寶藏。當年携來要售賣給中文大學者，係旅日古物收藏家程伯奮先生。遂由馬校長邀請鄭教授、程先生及鄙人午飯，在飯桌上細談其事，並決定購存此批文物。凡此俱是一九八三年之事。出資者乃是由校董利榮森先生付款購得。在鄙人而言一無別責，算是盡了一番閱讀品鑑之力而已。

我既了一分職責，即在同年將此批盛氏文獻去信告知劉先生，未料劉先生重視，來信詢其中招商局史料。茲舉其來信，備為吾任此事緣起之旁證：

> 盛檔招商局部分，包括年月及文件數量，盼開列一單，居時乞賜告，弟頗有興趣也。（一九八三年七月十九日函）

主要鄙人在中大受命編輯盛宣懷文獻，乃始於一九八四年鄭德坤教授之委辦。因是向來提及拙編盛氏諸書，均自一九八四年算起。至一九九七年六月刊出最後一套三冊的《盛宣懷實業朋僚函稿》為止，共耗我時間十四年。從來未提一九八三年。若果加上當初購買此批文獻之前我之受命評估，自是事情緣起，吾故未列為工作時期之內。今據劉先生信，可把此前塵緣起，視為一個序曲，終究出於鄙人之手。故劉先生之信可承作旁證。再補充一句，我之十五年中做此工作，未拿任何一文錢的酬勞。在中大期間只有用一文案助理，另外就是紙張文具由文化所供給。而我回中央研究院續編三種，連助理也無，我只用自己學生幫忙。前後諸事有中大陳方正所長、近代史所陳三井所長可做證人。

一九八四年所得廣京先生來書，只有一通，內中續談台北前時之經世思想會議，我因先已告知在寫一篇經世思想義界的文章，劉先生亦有信鼓勵。他後來讀到拙文來信深表同情，此亦代表劉先生的影響，可作為前時會議眾多高文的補續。

一九八五年我存有劉先生來書五通，除其中三月一信相談瑣事外，而自十月至十一月共有四信，十月一日之信相告受邀到北京開會，即赴日本東京轉北京，會後要遊訪西安、成都、廣州、深圳，最後到香港。隨行並已帶我在香港電話，以便途中連絡行程、到港確期，以便代訂旅館。十月一日來信，七日即要在京開會。十月十三日果有自成都來信，是於次日飛西安，十六日飛廣州，十八日自廣州乘火車來九龍，不去深圳，囑告到車站相接，卻未要求訂旅館，我與內人決定留之屈住舍下。其信附預定於十月二十一日飛夏威夷。看來十月之中，行色匆匆，我們當然在香港會面。

廣京先生結束訪遊，於同年十二月廿一日搭機回夏威夷。到達之後，立即於同月二十五日來信，表達致謝，順而乃言及行程中想到盛氏文獻之可貴。囑我再續寄盛氏資料並電寄加州住處學校，不須寄檀香山。在此函中，相告查出盛氏文獻所存沈能虎（字子梅）之信，全須影印寄美。此地不作直接引證，可言劉先生前後再三提到招商局會辦沈能虎。

在此特須指出，廣京先生來信，要以同年十一月十六日之信最具參考價值。其一，劉先生此信再次提及招商局之沈能虎，其信可引證舉實如次：

> 賜寄珍貴文件，當俟返加州後函德坤先生道謝。用英文寫（附本寄兄），未知太遲否？沈能虎之函件未知檔中有無？沈為招商局會辦，當曾常與盛老通信。吾兄編輯之貢獻，涉及重要史事多端，弟僅用其一方面之材料，將來蒙兄益者多矣。（一九八五年十一月十六日信）

劉先生估斷不錯，盛氏文獻所收沈能虎之信很多，達一百三十七信。後來我編成《盛宣懷實業朋僚函稿》三大冊，其中將沈能虎之信全部收載，足以上慰廣京先生之提示關懷。

其二，在同一信中，廣京先生表露其訪港印象，引致深切關懷，特須引示其言：

此次到港，乃四十餘年來第一次。回想四十餘年來香港發展，今始知其深長之意義，香港對於大陸之影響遠較美國為大，但希望「基本法」真有效力，發揮商人力量，創中國史上從來未有之局。吾兄身處其中，感想必多。望多賜教。（一九八五年十一月十六日信）

廣京先生一向重視中國近代之商人，我是備受啟發，亦著文不少。所涉人物有四位之多，作文有六篇之多。惟所見香港商人，眼前看到其與英、美商人競爭，實足與之並駕齊驅，沒有不平等條約枷鎖，中國商人多開拓新路掌握商機，不落洋商之後。推斷未來，前景無限。相信國家將備受其益。

在一九八六年中，廣京先生共來信三封，起首一月一日新年開始就有一信，其中談及與近代史同道在台北歡聚之事，而一開始要事，乃是正好新正收到我所寄盛宣懷文獻資料，再次表達對沈能虎的重視，囑命我為搜輯影印。此次述事，不作直接引舉，以節篇幅。接著四月又有一信，乃是對拙文談經世思想之義界，多蒙劉先生春風拂噓，勉勵有加，不須細述。

惟在同年尾十二月二十三日來信告知，承中文大學新亞書院邀訪，已決告知新亞，將此一年以後，並指實將於一九八八年二月一日至十九日到新亞訪問二週。此信原文亦無須引舉，尚祈同道原諒。

劉先生接受新亞書院之邀請，勢須做一些手邊之事包括指導學生及預備來港之講演，當是相當忙碌，因是此年之中，未收到廣京先生來信。

一九八八年二月，廣京先生偕夫人到新亞書院訪問，住於新亞賓館。惟當春節新歲，在除夕之晚與其夫人惠臨舍下度歲。劉先生在中文大學廣受學者歡迎，除作講演外，亦有不少盛會晚宴歡迎劉先生伉儷。劉先生完成訪問，即在二月內飛返美國。

劉先生返美之後，很快於三月三日有來信，除道在港印象之外，適當一九八七年拙編第一套九冊之《近代名人手札真跡》問世，亦早寄廣京先生，此一信中劉先生表達對我之鑑賞鼓勵，計畫在《漢學通訊》上作評介揄揚。最主要者，廣京先生來信之外，又附有致蘇精先生函，蘇先生乃《漢學通訊》編輯。劉先生致函說明要作評介，盼蘇精告知下期截稿日期。現包括來信及劉先生致蘇精信仍在我手邊。此事對我雖好，對劉先生言看九大本書甚是繁重。我自去函道謝，但請其勿為此勞心。因是致蘇精之信我迄今尚存在手，就將此事打消。迄今當不可再掩沒劉先生美意，茲將致蘇精函舉示於世：

蘇精先生：

近收到香港中文大學出版之《近代名人手札真蹟：盛宣懷珍藏書牘初編》，內容甚為豐富，應為介紹。不知《漢學研究》是否已有人約定評論此書？如尚未有，弟可否毛遂自荐？如然，則下期何時截稿？中文英文是否皆可？乞告知為感。貴刊內容水平甚高，甚欽佩也。順祝年禧！劉廣京拜啟。

一九八八年三月三日。

鄙人自一九八三年接觸盛宣懷文獻，其授權選編史料，推信而支持者有中大校長馬臨及文化研究所所長鄭德坤二人。惟海內外一直不斷鼓勵欣賞者則只有廣京先生。吾生平有幸，而相遇廣京先生之寬仁胸懷，高尚情操之前輩，乃使我終身銘記，不敢忘懷。

一九八九年與廣京先生未有通信，原因是我已辦理辭職，七月底即要返台，自年初開始準備結束，勢無法再能從容通函。今時翻閱帶來此批函牘，原不介意，而竟遇廣京先生逝世。方知此批信件宜加寶重。

吾原已在去年四月將拙著《二十世紀非主流史學與史家》之書稿寄送北京之廣西師範大學出版社，其中已有介紹劉廣京先生之專章。其時劉先生尚健在，未料九月底與世長辭。吾痛失良師益友，無限悲痛。轉眼今茲，將逢廣京先生逝世周年之日，謹以個人結緣瑣屑，通信散頁，掬為紀念追悼之文。不足以表彰盛德高誼於萬一，不免附驥賢豪之譏誚。惟鄙人前有專文，不能重複，今茲草撰短文，自計須有特色。乃就一九七七年至一九八八年期間寄寓香港一段來往瑣憶，用以揭述個人承受劉先生關愛勗勉之情，以表我懷仰感念之紀實。

二〇〇七年九月十四日寫於新大陸之柳谷草堂

王德昭教授在台灣師範大學時期之歷史教學

王德昭教授畢生研治史學，先後曾在貴州、台灣、新加坡、香港各地大學任教，可謂桃李滿門，多彩多姿。最近不幸在本年三月二十三日早晨病逝香港，學界同仁，十分悼惜。中文大學聯合書院師生，計劃在本年第八期《史潮》，刊出一些紀念他的文章，用以表達追思之意。同仁同學著作多集中於他晚年的一段時期，相信這最重要的階段，已有許多詳盡的記述。因此我願就王教授在台灣師範大學的教學及史學貢獻，作一個概括介紹。

王教授的教書生涯，最長時期是在台灣師範大學，自民國三十六年至五十年（一九四七－一九六一）前後達十四年之久。（按王教授在香港中文大學任教十一年。退休以後，又任高級研究員五年，包括教學與研究，在校時間應為最長。）當初師範大學設史地系，王教授在系中所教的是「西洋通史」、「西洋近代史」、

「西洋上古史」、「史學方法」和「歷史教材教法」等門課程。而王教授個人的研究興趣，卻並不限於西洋史範圍，他的治學領域相當寬廣。

我個人自一九五〇年與王教授相識，先後接受他的教誨，選習他所教授的「史學方法」和「西洋近代史」，後來我在一九七七年著作自己的《史學方法》一書，也在敘錄中申述承受他的教學和影響。王教授傳授「史學方法」這門課，給我的印象很深，那就是他的善於舉例。無論中西史著，隨講隨舉，將古今名家著作的經過，體裁義例，形式要點，均加分析解釋。在閱讀史學著作方面，使我獲得引導，熟識路徑。因為這門課的啟示，使我在校中充分閱讀了《史通》、《文史通義》、《通志二十略》、《古史辨》、《國史要義》，以及各類史學史與史學方法等著作。我在史學方法上的興趣以至廣覽群籍，打好堅實基礎，是受了兩位老師的影響，一是朱雲影教授所教的「史學通論」，一是王德昭教授所教的「史學方法」。

王教授所教西洋近代史尤為修養深厚，廣徵博引，講解史實，透闢純熟。在這一方面的最精彩部分，是他所講的文藝復興階段，原來他那時正在撰寫《文藝復興》這部史書，後來刊印，竟達四冊之多。無怪他能分析得那麼詳盡。這段歷史，留給我深遠的記憶。後來我到歐洲旅行，就順手把一些所見的藝術品圖片寄給他，作為讀史的印證。

王教授同時也教「西洋通史」、「西洋上古史」，以及「歷史教材教法」。但我並未選讀這些課程，故而無法說出大致內容。就總的印象而言，在師範大學階段，王教授是以西洋史為其最重要的專業。

王教授在師大時期，一面教書，一面研究，並從事著述。他的興趣很廣，致力最勤，撰論最多。這一時期的研究重點，當然以西洋史為最主要。完成的重要著作即為《文藝復興》，有關論文則有〈戰國時代與文藝復興時代〉。

由於王教授同樣致力於中西歷史，是以頗為留心中西文化之比較與溝通，這時雖然不能說他在研究中西交通史，卻可肯定知道，他對中西文化關係頗有研究。在這方面的著作他曾有〈陶恩培論文化的起源與生長〉、〈陶恩培論文化的中衰與解體〉、〈服爾德的中國孤兒〉等論文。

有一件事，是在王教授晚年一階段中最為人所忽略的，就是他的藝術史專長，在香港學術圈子裡沒有人知道他對中國藝術史有很深的造詣。無論繪畫、雕塑、建築，王教授均有深入研究，這方面的資料，他閱讀很廣泛。單就佛教藝術而言，無論敦煌、雲岡、龍門，他都能詳細舉例，娓娓解說。王教授在此時期譯有《中國美術史導論》一書。他並撰寫〈虎頭三絕〉一文，以介紹顧愷之的畫和「女史箴圖」。當然我也曾聽他詳細解說過唐代「昭陵六駿」的石雕，以及佛教藝術輸入的經過。所以就藝術史而論，王教授自有其深厚的修養，只是學界朋友多已忽略，並久經忘淡而已。

王教授教「史學方法」，印發講義給上課同學，卻並不曾刊印《史學方法》一書。雖然如此，另外卻時常發表有關史學的論文。就我所知有：〈歷史知識與歷史意識〉、〈歷史研究的完成〉（陶恩培著）、〈梭羅金論現代歷史哲學〉、〈歷史的解釋〉等文章。同時王教授在史學教學法方面也曾出版其《怎樣教歷史》一書。他尚有一些報導性的文章，也是史學有關，在此無須再一一列舉。

王教授也一向研治中國近代史，最早可以上溯到他在大陸《文史雜誌》第一卷第四期的〈同治新政考〉。而到台灣後，則以研究孫中山為主。他所著的論文為：〈同盟會時期孫中山先生革命思想的分析研究〉，刊於《中國現代史叢刊》第一冊。民國四十九年（一九六〇）出版。嗣後不久，他就去南洋大學任教，又在南洋繼續他的史學教學與研究。

王教授以後的著作與授課，當然又有擴充與改變，例如在中文大學所講授的「中西交通史」、「中國近代史」以及「近代中外關係史」，均係他晚年新闢的課程，可以推知他的治學興趣與盡力研究，一直未有止境，以至他最近的逝世，也並未放下史學工作。真是生平勞勸，盡瘁學術。在此簡短介紹之中，不足以形容其史學貢獻十分之一，疏漏失誤，更是難免。對於王教授生平同事好友，我這晚輩的冒昧執筆，尤其感到越權非分，尚望見者知者多所諒恕。

一九八二年六月三日寫於香港中文大學

戴玄之先生傳

當代史家戴玄之先生，諱名祖興，字玄之。先世出自蒙族，移居中原，以代為姓，本姓獨戶，世居河南新蔡之代灣。耕讀傳家，書香世守，門蔭裕厚，代有善名。家人以戴近漢俗，乃易代姓為戴，泯異族之跡，敷混同之效。元明以降，歷數百年矣。慈父文蔚公，字采臣，曾入留美預備學堂，得承歐西學問薰陶，知當代世勢。雖未能出洋，而頗教導子女，願送入學校讀書。慈母杜氏，勤儉持家，悉心撫育子女。

先生生於中華民國十一年壬戌孟冬初十日（一九二二年十一月二十八日）。上有長兄祖同，字巽之，高中畢業後進入軍校，抗戰勝利後返鄉改任教職。嗣中共陷大陸，家產被共黨充公，掃地出門。不幸與慈父飄泊於外，同於民國四十七年（一九五八）病死異鄉。有姊二，長適劉氏，次適梅氏。有孿生二弟，皆幼殤。妹名省之，出適許家。

先生幼少穎悟好學，出外就傅。先後就讀於新蔡縣立第一小學，省立汝南第六中學。再入省立許昌第四中學及槐店聯中就讀高中，皆值抗戰前期。民國三十二年（一九四三）考入西北聯合大學歷史系，受業於蕭一山、藍文徵、陸懋德、陶元珍、涂序瑄、許興凱（筆名老太婆，著《縣太爺》小說而著名）諸教授之門。惟受知於藍文徵教授最深，所承垂愛最切。

先生於民國三十六年畢業於西北聯合大學，首先返鄉就任新蔡縣立中學教務主任，其時國共衝突擴大，河南省已成糜爛，鄉城岌岌危殆，遂辭職出走，經豫南輾轉逃抵南京。其時業師蕭一山介紹先生至海軍任職，先生以非其所學，未即留下。嗣逕由上海乘中興輪抵達台灣，為時已在民國三十七年五月。

先生到台之初，原有友人荐先生於澎湖或北投擔任初級中學校長，惟先生則選擇進入台灣師範學院（今師範大學）史地系擔任助教。得與朱雲影、沙學浚、郭廷以、李樹桐、張基瑞、高亞偉、王德昭、曾祥和、沈明璋、朱際鎰諸學者共事。同系地理名家尚有王益崖、王華隆、章熙林、鄭資約、孫宕越、洪紱、章生道、賀忠儒諸先生。而業師藍文徵先生亦來兼課。此際前後十餘年間，為史地系黃金時代，造就人才甚多。

先生於民國三十七年八月起擔任助教，四十三年升任講師，四十八年升任副教授，五十一年升任教授。在校講授中國通史、中國近代史、現代史、明清史等課程，備受學生愛戴。所承教導薰陶門人，其成名者若嚴錦、廖隆盛、鄭瑞明、林麗月、王文發、溫振華、陳豐祥、劉德美等教授，俱已聲被杏壇，斐然有成。

先生於民國五十四年接任歷史系主任職，任事一本忠謹誠愨，勤廉公正，極力推展系務。系中所任助教，多非其所親教之人。其時有邱添生、彭小甫、王文賢等助教，皆相處融洽，無所隔閡。先生極力提倡進修，令助教輪流值班，俾得有時間讀書。

彭小甫、王文賢二人終得因而考中留美，至夏威夷大學深造。後時王仲孚先生之授任助教，實係先生查考成績，選其傑出者任之，事前並不相識。而不久先生赴南洋大學講學，亦並無機緣使二人共事，仲孚嘗與人言曰「吾之得有今日，乃戴教授大公無私之態度所賜」，畢生感激提攜之恩。

民國五十八年（一九六九），先生受聘赴南洋大學講學，任客座教授，自是遂離開師大。先生原計講學一年，竟得再留，嗣更被授任為南大歷史系主任，終須長期留下，直至六十八年（一九七九）方再辭職旋臺。先生南洋講席，桃李滿門，自難一一載述，指導研究生論文，完成碩士論文者，計有龍鵬飛：〈拳亂時期主撫、主剿兩大派系之分析〉、符懋濂：〈捻之本質及其戰法〉，榮譽班學生論文，王連美：〈哥老會研究〉，另有黃建華、盧耀華備承先生影響，盧耀華撰有〈上海小刀會源流〉等文。

先生自南洋大學返台，即受聘於政治大學歷史系，講授中國通史、中國思想史、中國社會史及中國社會史研究等課，並指導研究生論文。已完成碩士論文者，計有陳孝惇：〈唐才常之生平與思想〉、吳蕙芳：〈民初直魯豫盜匪之研究〉、陳德漢：〈山東義和團之研究〉、喻蓉蓉：〈五四時期之中國知識婦女〉、黃靜華：〈嘉慶年間川楚白蓮教亂研究〉等著作。惟在校頗識賞彭明輝博士，於學問進益，多所關心。

民國七十六年（一九八七）先生因休假之便，應香港珠海書院之邀，赴港講學，並兼任文史研究所所長。由於珠海校長梁永燊之盛情挽留，同學之傾心仰重，先生於一年後決計在台提前退休，遂於七十七年（一九八八）正式離開政大，以便專心致志，留港為珠海書院盡心盡力。又兼文學院院長，開課亦多，不免備承辛勞，乃罹肺腺癌之症。返台治療，竟至不起。於中華民國七十九年（一九九〇）二月十六日不幸辭世。學界同道為之震悼，珠海師生除來台奉祭外，並於香港設壇致祭。珠海門生弟子中有孔東、鄧德濂兩博士，深受教誨，學道有成。因感念師恩之重，邀集珠海同學近五十人，合資設立戴玄之教授紀念獎學金於珠海大學文史研究所，以為紀念。其中由先生指導完成博士論文者，計有張傑昌：〈明代黑龍江疆域考〉、孔東：〈蘇浙旅港同鄉會之研究〉、鄧德濂：〈清咸豐年間廣東天地會〉；完成碩士論文者，計有許冠華：〈上海小刀會之研究〉、任少玲：〈金錢會之研究〉、朱耀光：〈哥老會在長江發展的社會背景〉、洪開基：〈同治九年天津教案之研究〉等。

先生生平研治史學，態度客觀，方法謹嚴，勤於史料搜集。特別留心民間流行情節，為三十年前注意庶民生活先驅，惟以其師承有自，承繼蕭一山先生秘密社會史研究，遂自闢學術領域於近代秘密社會史。畢生從事，開拓甚廣，貢獻亦鉅。

先生基本學術研治重點，大範圍在近代社會經濟史。其所用心則集於三大重心。其一，在秘密宗教史。先生於元、明、清三代民間秘密宗教，掌握全國史乘基礎，為親身提示建樹之人。無論其組織、教義、領袖人物、經卷、符咒、法術，俱有深入了解。其著作貢獻，但舉大範圍有四：白蓮教系統之青蓮、紅蓮、白陽、青陽、紅陽等教派，著作宏富，以為大宗。又有八卦教系統之各支教派，復有羅祖教系統之各支派，更有紅槍會大枝及不同名稱支派。惟紅槍會為先生獨步學林之重大貢獻，戴氏以外，別無方家。其二，在近代秘密會黨研究。此方學域重點有三：首要在於天地會洪門大枝及其支派，次要在於清幫系統，再次在於哥老會組織。大抵近代重要會黨，無不網羅其研治領域。其三，則為近代史上義和團史事之建樹。先生早年著作之《義和團研究》，奠定其近代史家專業地位。凡此三大重點，具見先生生平學問所鍾，有《義和團研究》、《紅槍會》及《中國秘密宗教與秘密會社》等書以為追考研析之資，並足代表先生之學術貢獻。

先生少年時熱愛球類運動，鍛鍊體魄，身體一向健壯。性行溫文儒雅，開朗風趣。然實是外圓內方，秉性戇直，律己綦嚴，待人寬厚又熱誠，處事認真，尤其對友朋與學生表現真摯情感。就讀西北大學時之老校長劉季洪教授，甚為欣賞先生為人，時加愛護。先生與劉教授多所親接，執禮甚恭，是以屢蒙季洪教授特加護持，先生對此時露感激之意。

民國四十二年夫人薛慧珍女士來歸，系出溫州名門世家，原在台灣省衛生處任會計，嗣後亦服務於師大出納組。氏賢淑端重，明敏練達，治家精整，尤工於烹調治膳。先生伉儷情深，鶼鰈不渝，友朋健羨。膝下公子崇倫，聰穎異常，讀書迅捷。自美國德州大學奧斯汀分校電機系畢業後，復取得美國加州大學柏克萊分校系統工程碩士。返國服務於美國電話電報公司（AT&T），任商業系統部東北亞區副處長。

余昔於民國三十九年考進師範學院史地系，入學口試係戴教授面試，故應執後生之禮，且以河南同鄉關係，更奉為鄉長之親。無論在校離校，實承先生垂青厚愛，情誼深摯，畢生難忘。猶憶先生倜儻俊逸，舉止典雅，才識敏捷，談吐溫文，衣著整潔，器宇端昂，使人易於親接。余尤得其立身處世之教最多，每每規喻如親弟子，得益匪淺。先生奉侍師長之謙恭，善待生徒之溫厚，代人設想，出於善良天性，久為杏林傳譽，友朋稱賞。道藝風範，表率群倫。不幸於民國七十九年罹肺腺癌逝世，士林無不同聲痛悼，天喪斯人，奪我良師益友，徒喚奈何！念茲匆匆又逾五年，群友同道，門人弟子，無不記憶如昨。賢公子崇倫天性純孝，思親倍切。同事好友王壽南教授等共議為五週年崇祭之儀，以達懷仰追思之忱。謹草具先生事略，以供戚友同道之觀覽焉。

民國八十三年十一月二十四日鄉晚生淮陽王爾敏恭撰

悼念國學大師王叔岷夫子

一、緣起

我於二〇〇九年三月三日得多倫多近地好友鄧偉賢先生電告王老師已於二〇〇八年八月仙逝，令人驚詫突然，深懷哀思，頗覺不知所措。鄧兄係台大中文系出身，早列王師門牆，較我尤十倍沉痛。立即接言相囑，邀我最好寫紀念文章以申論海外久濶之師弟恩情。

我自揣學力不副，才思鈍拙，特以雖是受業於夫子，當是最疏遠之弟子。王師除台大、師大門弟子人才輩出，且亦乘桴浮於海外，二十年傳道於新加坡大學、馬來亞大學及南洋大學，五校門人弟子沒有三千也不下二千，俱是當代國學專家，獨有我一人是門外漢。專業只在歷史與地學二門，何敢不自量力，鄙陋從事，吾自固拒鄧兄囑命。然鄧兄十日後兩度親來舍下會見，將王師生前所贈其著作大部帶來。當然我也有王師親自題贈之書五、六種，包括回憶錄、詩集二種、《校讎學》、《列仙傳校箋》，此五種在手，皆夫子親題贈閱。惟吾尚有《莊子校詮》三冊，及《史記斠證》十冊，未有題字，不知如何得來，惟《史記斠證》留在台北未帶，自是不能參閱。

吾與王師結緣，係在一九五二年大學三年級時，在師大跟著中文系同學讀夫子《校勘學》，當年未稱《斠讎學》，所用之講義，保留至收到夫子手贈《斠讎學》後，方始不作保留。我在大學讀書，只有王師與沙學浚師之講義保存最久。但自二〇〇一年來加定居後，已不再存留任何大學讀書時之資料。我雖然關係最遠，也可稱得上是王師早期弟子。所以李又寧在台北兩度請王夫子吃飯，俱必邀我，且是以學長稱我，亦深幸也。

偉賢暫借給我之書，有詩集五種皆王師手贈，外有《慕廬雜著》、《古籍虛字廣義》，亦俱夫子手贈。自見鄧兄甚蒙叔岷師垂愛。到此更使我驚訝與感愧者，則於此同時，偉賢兄出示其前日所撰就之悼念恩師詩作三首，謹願附開於此，以表鄧兄懷仰恩師之情，不可埋沒鄧兄至情醇誠與深心哀感。謹開寫如次：

其一，

校勘群書志不移，正訛補缺樹宏規，藏山盛業傳千古，無忝人稱院士師。

其二，

煦煦溫言貌藹然，春風回首卅年前，白頭弟子慚無狀，淚滴窗臺望蜀川。

其三，

何期地動山崩後，忽接師門噩耗來，凝望遙天餘涕淚，遺篇重讀益低徊。

偉賢泣悼先師，而出其詩草，吾自須引入拙文以為鄙衷啟步前導。蓋見及鄧兄抄示其詩，使我無顏以對先師厚愛，亦無術推托不撰寫紀念文字。吾固學識譾陋，亦不能不勉強獻醜，唯祈不負師教，亦不懼名家譏議其後。

鄧詩提示師門故鄉蜀川，其生於簡陽而晚年居住成都，也稱天府之國，乃九州之上腴。四川一名，實表水澤充沛，江系網布。吾國士大夫向俱忽略，川滇西藏西南水澤豐沛，其來源實承印度洋赤道洋流促成大氣環流，年年普降甘霖，供給不斷，而四川盆地遂為膏腴之地。吾出身史地系，熟讀海洋學、氣象學，深信三大洋為地球人類之母，蜀郡尤為開先上源，故稱天府。地靈而人傑，漢之司馬、宋之三蘇，今代叔岷師，俱自為表表者。

鄧兄既告知叔岷師仙逝於去年八月，復於其詩書明當年四川重大地震災劫，遙想夫子必受驚恐。當年五月十二日地震，吾俱旅居國外，曾託台北魏秀梅教授代我捐三萬元給紅十字會，稍表川災微力慰助。鄧君與我，實竟不知夫子安全如何，未料八月即告仙逝，能不感愧無地？以吾讀史知識，深信自古以來，西南川邊，即是地震活躍地帶，歷史上有過於此者。西漢成帝河平三年（公元前二十六年），二月丙戌日，犍為地震，柏江山崩，江水上湧逆流壞城，嗣後積震二十一日，凡續震一百二十四次。成帝元延三年（公元前十年）正月丙寅日，蜀郡岷山崩，塞阻岷江，逆流三日後復通流下。此項記載出於《漢書》，俱較今次更為嚴重。自非人力所能抵擋，惟當事先防避，以減少人畜傷害為計，今不能不作亡羊補牢之計也。吾以國人不重前史知識，不憚在此促醒。夫子仙逝，與川災同紀。國人不忘災，吾輩不忘師。以夫子喪適遇天變之際，此正鄧君為詩哭之，涕泗漣漣也。真可謂泰山其頹之慨。

二、博學廣識的王老師

對於王叔岷先生的學問淵博、著作等身之肯定，應是國際性的，並不限於台灣一個地方。像新加坡、馬來亞三所大學前後講學二十餘年，乃是世所共知，王師亦自言其乘桴浮於海。其實星、馬之邀約，乃是駕祥雲而往。時代已是二十世紀六、七十年代。新加坡大學、馬來亞大學俱是一邦之正宗國立大學，王師應是國際上負盛名之大師，世人豈有疑議。尊之為二十世紀國學大師，乃當負之榮名，當是學界共識，非我輩門弟子所能私譽。

二十世紀我國學術走向專門分流，大與前代不同。鄙人曾專業史學一門，通觀二十世紀史學大師有五十位（見拙文：二十世紀之史學開拓與先驅史家），自是以史學一門領域核計，不能闖入文學、哲學、經學，以至宗教、語言、人類、民族之種種專門領域。惟若一探我個人志業之外之國學領域言，我自須慎重考察國學門之校讎、注疏、考據、辨偽、版本、目錄，以至於今譯等等，真是各有專業，各具統系。我何能一概駕御？亦無從藉以置評。因是吾只能自入門接觸所見，就常識對比，方能有信心推尊王師為國學大師。學界若另有高見，我願服從。

二十世紀同代國學門類之校注箋證名家，王師之外，在台者有錢穆、陶光、王夢鷗、高明、林尹、盧元駿、屈萬里、李宗侗、黃錦鋐、于大成、王忠林、賴炎元等，諸家相比，則以叔岷師著書最富，門類甚多。將以斠讎學而言，乃是一門獨立學問之建樹，實為國學門研治管鑰。自是一門重大貢獻，推尊為大師，當之無愧。

在同一時代，在大陸國學家亦是人才鼎盛，吾自不敢罔忽。但以鄙人手中之書為觀察根據，難期全備，引舉以見大概。約計有金景芳、伍非百、吳毓江、王利器、楊伯峻、許維遹、陳奇猷、劉起釪、張立文、程俊英、吳樹平、葉瑛、趙守正、歐陽景賢、王煥鑣、王文錦、馬繼興、嚴北溟、趙善詒、蔣禮鴻、陰法魯、張秉楠、繆文遠、張清常、陳廣忠、黃懷信、張雙棣、田旭東、郭人民、孫彥林、龐樸、楊俊光、許抗生、鄧球柏、房立中、李零、張震澤、李京、李均朋、聞人軍、馬非百、吳雲、朱軍、魏達純、盛冬鈴、鄭利群、趙呂甫等學者。在國學領域中，僅舉校釋疏證等名家，已見其人才鼎盛，名家輩出。我等身居海外，豈可加以漠視？

會觀大陸學界疏證、校釋、譯注、纂箋之諸名家，其能與叔岷師雁行並駕者有三位學者可作對比。不佞冒昧漫舉，謹盼識者教正。是即金景芳、楊伯峻、王利器三人。惟其中之王利器與叔岷師有諸多相似。一則同為川人（王氏江津人，宣統三年一九一一年生）。二則同在川大讀書，並同當任鴻雋、張頤（字真如）先後任校長時在校。三則同樣在川大畢業後，投考北大文科研究所（非同一時日）。其四，王利器先生與叔岷師俱承傅斯年面試而被錄取（不同時）。其五，在傅斯年先生徵求願意去雲南昆明讀書，或是到南溪李莊作研究時，二人先後俱情願到李莊研究。我讀叔岷師之《慕廬憶往》，未見其提及王利器，而讀王利器自述則看到王氏提及在李莊學者十數人之多。在此應舉王利器自述原句：

> 李莊，古六風地。歷史語言研究所在離李莊十來里地板栗坳。北大文科研究所在那裡設有辦事處，由鄧廣銘先生負責。其時文科研究所的同學：任繼愈、王明、馬學良、劉念和、逯欽立、胡慶鈞、王叔岷、李孝定諸人已在那裡。史語所則有向達、丁聲樹、岑仲勉、張政烺、王崇武以及董作賓、李方桂、陳槃、勞榦、石璋如、董同龢、凌純聲、芮逸夫、全漢昇、楊時逢，以

及寄寓的王獻唐、屈萬里諸位先生在那裡。（見《世紀學人自述》第四冊，頁二〇三）

其六，叔岷師在大學首開專課之時，是開講「校勘學」，王利器首在大學開講專課時也是開講校勘學。我在香港中文大學遇見利器先生，聽他講演，雖已是年逾古稀，而仍健壯，只是頭髮脫光了。他是壽享八十八歲，而叔岷師壽享九十五歲。且二人俱是寫作至最後離開人世。我以為他二人行事、際遇相同。只是利器先生談笑憶敘其文革十年牛棚生涯，叔岷師卻是乏此經驗。

叔岷師與王利器俱是著作等身，應在此略作實質對比。

王叔岷先生著作：莊子校詮、呂氏春秋校補、劉子集證、尚書斠證、孟子斠理、老子賸義、鍾嶸詩品疏證、史記斠證、列仙傳校箋、古籍虛字廣義，以及斠讎學，並早期成書莊子校釋。鄙人不學恐難免遺漏，求請鄧子偉賢補正。

王利器先生著作：文心雕龍校正、世說新語校點、鹽鐵論校注、文則、文章精義校點、苕溪漁隱叢話校點、顏氏家訓集解、風俗通義校注、文鏡秘府論校注、新語校注、漢書古今人表疏證、文筆要訣校箋、呂氏春秋疏證、孔子家語疏證、水滸全傳注、鄭康成年譜、李士楨、李煦父子年譜、文子疏義、葛洪論、耐雪堂集、王利器論學雜著、曉傳書齋集等書。

看來叔岷師與王利器先生二人之學問功力以至成就，可以稱得上旗鼓相當。惟叔岷師之建樹斠讎學之一門學問體系，其在一代國學家耆英中，應是卓越流輩，而其所著《古籍虛字廣義》，亦為國學門徑必讀，凡文藝文學所必參閱之工具書。此二書當可視為叔岷師在國學領域重大貢獻。

叔岷師博覽群籍，會通百家，校勘箋釋，遠邁先賢。一向仰重高郵王氏父子。吾讀師課亦熟聞之。然其《莊子校詮》、《史記斠證》，俱以深厚功力，卓異識斷，而潤色鴻業。全古籍之傳世，利後學之參酌。其學與識，無少於古之賢者。叔岷師只是自謙而已。

我雖受業於校勘學之課，原只在於學得治學方法。夫子門下皆出國學專門，吾固非繼承，亦難於置喙。師門手贈，備而為紀念可也。夫子著作等身，皆在國學領域，吾只門外漢，又何敢妄議其間，而貽笑方家。惟在讀書常識需要，而於夫子一九五〇年所寫《論今本列子》，得見岷師高明識斷，而不再視《列子》為後人偽作。解脫自己疑心，在此可肯定受益之處。

除《斠讎學》乃是一門學科，是治學管鑰，雖非研究國學，而治史更大有功用，此即忝列門牆之素願。但未料畢業後而進中央研究院近代史所，遂即得機到史語所拜謁叔岷師，其時近代史所初成立，並無書籍可讀，乃得叔岷師自台大中文系為我借到不少線裝書。記得他乘車到了南港，一下車就先到我研究室把一套一套書借給我，看完再送還他研究室，卻再累他裝包携回。有此一段時間，我是知識大增，學業飛進。回想當年，師恩不可忘也。

叔岷師著作等身，具學術性之大小論著有十餘種，前面粗略開列，其中《列仙傳校箋》為最晚出，已至一九九五年，夫子題贈此書，記為民國八十四年七月三日。我相信此書少有人讀，我卻因教書必須要讀，事實甚值一道。當此二十世紀，上下流行科學主義（Scientism），人人講究科學，尤其學界，誰肯再談神仙？王老師此書有誰會看？我敢說治國學者亦未必會看，所幸中央研究院文哲所願出此書。我本國學外行，偏是遇《列仙傳》在我教歷史課用得上。我敢說我與學界觀點大不相同，願簡略布陳於次。

在二十世紀最後的八年之間，我為師大歷史博士班學生開講三門新課，皆是我所新創，決不視為一家自專，學界同道儘可照開。其中一門是《掌故學》，與其他一課輪流開，也教過三年，俱是全年課，不及細表。在此課中的一章是要講中國學術。我自以《漢書》藝文志、《通志》總序、以及章學誠《文史通義》所附之《校讎通義》等為教材，所講特重在《漢書》藝文志，因又加深細讀《漢書藝文志講疏》（顧實著）及《漢書藝文志問答》（陳石遺衍之門人等），前後查閱多次。自是大致根據此二書作教材。漢志本之七略，藝文志分列：六藝、諸子、詩賦、兵書、數術、方技六略，惟《講疏》及《問答》二書，多詳前四略，於後二略則十分疏簡。而漢志於此二略所舉各典籍，完全未能傳世。蓋今代學界風氣，殊輕視數術、方技，世間無人研治。

所教《掌故學》分為十章，教書三年，自己頗有學問增長。在此單以《漢書》藝文志中之方技略而言，從一些疑點中，逐漸形成一些個人識力。方技略一門，係與劉向同時校書之侍醫李柱國所分纂。方技一略分為醫經、經方、房中、神仙四門，出於前代三十六家之書，得有成書八百八十一卷。惟後世亡失甚多，其能傳至今日者，僅有《黃帝內經》十八卷，再無其他之書傳世。我早買到《內經》，不免有不足之嘆。適巧在盼望中購到一九九二年大陸出版馬繼興之《馬王堆古醫書考釋》，從此書中見到秦漢時期之：脈經書四種、方經書四種、房中之書四種，此外尚有道引圖、卻穀食氣等，真足以補充漢志。尤其十八世紀章學誠在《校讎通義》中，批評漢志之方技略未收入脈經，而於此時則確見漢世早有脈經，乃班固未能補之也。

事實上方技略尚有神仙一門，其書全佚。幸而此時得讀叔岷師之《列仙傳校箋》，此書使我頓開茅塞。原來秦漢時代之看待仙與今時想法不同。讀王夫子之作，可知神仙也者乃指健康永壽，久視長生之人，老子最講究，莊子書中有彭祖一派。在《列仙傳》中人物，多見其能卻穀、食氣、道引、吐納、服餌、採藥之人。惟必須知道其神秘行蹤，入山飛天，有似乎欺騙世人。

關於《列仙傳》之成書年代，世有爭議，叔岷師雖未肯定明言，而其書校箋序已指證東漢許慎、張衡，以至應劭均曾引述《列仙傳》中人物文句。夫子在出書刊布之時，題詩二首，附於書後。有句云：「劉向尊君傳列仙，離奇辭義待疏箋」句，當證叔岷師相信《列仙傳》出於劉向所作。鄙人相信應實為西漢作品，從《漢書》藝文志方技略列出神仙一門可知西漢人肯定列此學術門類。只是後世學者不能與漢人站同一立場，忘去神仙之條件在漢代重在長生久視，養形永壽為宗，後世則只偏重於輕身飛升，駕鶴入山，騎魚登天，這纔叫作神仙，大違漢人之廣濶義涵。

我既有幸在二十世紀九十年代得以誦讀馬繼興之《馬王堆古醫書考釋》以及叔岷師《列仙傳校箋》，尋繹醞釀而創生若干新理解，甚願藉此宣白，就教於方家。

第一，認定漢志之方技略，全部是古代醫藥學術之書。因是當時必須由侍醫李柱國分類輯校。

第二，方技略之神仙一門，俱指世上活人，而以服餌、採藥、辟穀、食氣、道引、按摩、吐納，以至房中之術而能健康長壽。在《列仙傳》全書，絕不載一毫鳥獸魚蟲成仙之事，與後世著作充斥鬼狐者不同。以漢代人眼光看，我們今日之高壽長者就是神仙。

第三，後世常行觀點，看待房中一門，真是與西漢相差懸遠。幸能在一九七二年有馬王堆之帛書、竹簡之發現，看了馬繼興之《馬王堆古醫書考釋》，纔使我人自然洞見真章。想想劉向、劉歆以至班固何以會把房中定為方技略一門學術，打破長久相傳的所謂房中術之狹隘神秘。原來應該是古代莊嚴典重的古優生學，容我作此形容，莫以立言誇誕，標奇興異，可取藝文志原文，看班固如何陳說。

房中者，情性之極，至道之際，是以聖王制外樂以禁內情，而為之節文。先王之作樂，所以節百事也。樂而有節，則和平壽考。及迷者弗顧，以生疾而隕生命。（《漢書》原文）

參看上舉詞旨，託為聖王之以樂節情，教令醇正，推為至道分際。正見出劉向、劉歆以至班固等之崇重信持。房中八家七家論陰道，此之宗旨俱指健康婦女生理體態，而非醫病之婦科（婦科幼兒疾病，俱列入醫經一門）。房中門又有《三家內房有子方》十七卷，當知特重婦女生育。故當論房中為中國古代優生學。馬王堆古醫書亦收有《胎產書》可為旁證。鄙人大膽妄斷，尚祈方家指教。

讀漢志方技略神仙一門，班固綜述其宗旨，可引舉證：

神仙者，所以保性命之真，而遊求於其外者也。聊以盪意平心，同死生之域，而無外求愓於胸中。然而或者專以為務，則誕欺怪迂之文彌以益多，非聖王之所以教也。（《漢書》原文）

除此論之外，神仙門列書十家二百零五卷。決無飛升、蛻化、隱身、縮形等等妖術。十家之書有按摩，有采芝囷，今世尚存道引服餌之術，惟其書早佚，追考前代，只有《列仙傳》可備參考。此乃叔岷師有功於學術之貢獻也。

三、才情蘊藉的王老師

我在此想，但凡受教於王叔岷夫子之後生，必有一致之印象，王老師可佩稱是溫良恭儉讓的一位學者。更直截的形容說，他是溫文謙和、雋逸瀟洒。一般讀其課方能察覺，他決不執迂呆板、古樸木訥。好像他一生治學全投於校勘疏證，逐字逐句，琢磨研考，其大部著作，如不真心查證其疏解，以瀏覽方式閱讀，實難以讀得下去。我早三十年前已讀完瀧川龜太郎之《史記會注考證》，卻在晚年得到王老師之《史記斠注》，就無法再讀下去。如果不是研究《史記》，做近代史全用不著。老師的《校勘學》講義保存到其新著見贈我纔擱置不用，可是我此時文債做不完，亦不暇再讀其書。見其序文，深慨夫子為此書病發兩次。先後有張以仁兄送醫院治療。我則是不暇再讀一遍《斠讎學》了。若說王老師的著作沒用，那就錯了。今時以後，我人若是要使用《史記》材料，不會再去查瀧川資言之書，無論學界高人，就必一定查閱《史記斠證》，這比之遍行本大陸所出版之標點校注之本更為詳細正確，此是學術之進步。像王老師畢生嚴肅從事，全神投入，他自己亦多次在詩中表示所做是無用之用。這太過謙抑，我沒有把他看成是學究。我寫本文上半，未能把叔岷師的才性情操表彰出來，因此要在此小節中稍敘梗概。

叔岷師是最重感情之人，他是富有詩才文采之人。若是他生平有三千弟子，而我只是三千零一位，不屬於國學的邊緣分子，自與王師接觸太少，所以對王老師所知甚淺。雖然所知甚少，但我也不放棄說話。有叔岷師贈的《慕廬憶往》和《隨感吟》詩集，正好前後年代相接，可以採夫子所道而括敘老師的才情一面。那是與他的校勘箋注之學大異其趣，可以看到他的純誠真情，可鑑賞他的文采詩才，是我們這一代文風中所見風雅學者典範，我是欽服而景仰。雖然如此，憑我笨拙筆觸，只能點到為止。王師門下文家最盛，當諒我只是拋磚引玉。

叔岷師雖然著作等身，而真能代表他的才情靈性者，是他的《慕廬憶往》及五本詩集。（除我已有兩種，而鄧偉賢兄已全部借給我）事實上我拙於詩，全然外行。因是在此只涉談《隨感吟》一種，對於詩我是不敢妄議雌黃。

讀叔岷師之憶往與詩集，所有結緣、用情、思念，俱不出師生、友朋、家人之關係，純在情義交流，心性溝通，真是書生本色，志節全入筆下涵蘊。對於大人先生名流碩彥，未有任何瓜葛，真是當世純儒典型。夫子之憶往以至詩材，十之八九全集於門人弟子的情義交流，真是當今高尚師道也。不慕名利，不交權貴，默默治學，安心孤寂，真是今代高隱之士也。

我自嘆才學譾陋，不能表述師門品詣才德於萬一，只好摘其憶往與詩草片段，以與學界方家作前驅卒伍，祈盼名家能教正之。

甲、對師長

叔岷師川大畢業後投考北大文科研究所，自述其能進入北大，全由傅斯年先生評鑑錄取，並引進於南溪李莊歷史語言研究所作研究。其畢業亦通過傅氏考核論文，且請湯用彤教授自昆明寄考題兩道，由叔岷師解答並經通過。自此而由傅斯年聘為史語所助理研究員，因而叔岷師一生感懷師門恩遇。當傅斯年於民國三十八年將史語所同仁同遷台灣，叔岷師亦全家同來，並在台大中文系任教。蓋皆一路追隨傅氏。

很不幸，傅斯年在民國三十九年（一九五〇）十二月病逝台北。自有不少傅氏友好、同事以至門下後生，作文泣輓。吾曾在拙文〈五十年代南港之學人與學風〉中直引羅家倫、李濟之悼念文章（收載於二〇〇八年十一月《傳記文學》），自然未能更引其他人之紀念文字。現在可以在《慕廬憶往》讀到叔岷師當年之哀悼短文，可以查知夫子當年心境與推仰之忱。惟叔岷師事後追述，寫於其書中，頗足見出夫子對師長之痛惜，敘記感人，極具意義，茲引舉如次：

> 岷自一九四一年進北大文科研究所，至一九五一年在台大教書，追隨傅先生十年，為人、治學、處世，受益至深。平日偶翻檢傅先生所贈王士禎《古詩選》及姚鼐《今體辭鈔》，還有最珍貴的日本影印高山寺舊鈔卷子本《莊子》七卷，不禁感從中來，黯然紀之以詩：十年親炙副心期，孤島絃歌未忍離；點檢縹緗餘慟在，千秋風義憶吾師。（據《慕廬憶往》）

不惟如此，又十年後逢傅氏百年冥誕，岷師亦有詩悼念。可見《隨感吟》，不具引。

乙、對家人

岷師於幼少承庭訓調教，對慈父身教慎守而善循。故習詩啟步甚早，喜做吟詠。事母亦敬愛順馴。嚴父每加勉勵，直至大學有成。岷師多年不忘父所諭勉之詩，收入憶往。

惟在此敘說，宜以王師母楊尚淑夫人作重心。岷師自述，於民國二十六年（一九三七）完婚，少年夫妻十分恩愛，敘其來歸與歸寧趣事，不待詳述。嗣後岷師於婚後短暫教書，隨即到李莊研究深造，接著抗日勝利移居南京，又因內亂播遷台灣，終因海外延聘，遊走新加坡、馬來亞，實不斷改換居所，師母俱依從流遷。數十年生涯，可謂夫唱婦隨，相與鶼鰈情深。然不幸王師母年適六旬而病逝星島，時在一九七七年三月。夫子悲慟逾恆，與女國瓔同祭靈前，乃撰《祭內子尚淑哀辭》，引舉以見夫子之悲傷。

嗚呼吾妻，卅載結縭，甘苦共嘗，離亂相隨。獅城寄迹，五稔於茲，雍雍黌宇，幸得安居。忽焉罹疾，步履難移，藥石罔效，呻吟不支。二子遠阻，愛女未歸，臨終無語，遽爾長辭！如彼雙鳥，竟餘一支，如彼比目，中流折離。愧為夫婿，拙於扶持，煢煢春夕，虛室生悲。爾已返真，解脫塵羈。及茲祭辰，爾當有知，爾其來饗，慰我哀思。女方歸來，涕泣漣洏，毋其來饗，慰女哀思！（據《慕廬憶往》）

後來，叔岷師回台北任教，友朋門生有勸其續絃，以安晚年，夫子一概婉拒，並賦詩明志。可以引舉鑑證：

莊周妻既卒，不聞復續絃，陶潛有繼室，乃由助耕田。我今無舊業，何庸締新緣？矧乃孤鶴性，不為俗情牽。但得琴書趣，足以樂餘年。願言謝諸子，此心金石堅。（據《慕廬憶往》）

夫子同時亦道其夫妻結合觀念，以為前生有定，當永守一而終。其語宜為後世反復尋味。

丙、對朋友

叔岷師是很重感情之人，其自敘之書以至手訂詩集，充分流露與朋友及門人之情義紀實，佔絕大篇幅。

在此要先看其原非友朋，但感懷知遇，夫子亦備加稱揚。其憶往中每提及錢穆之賞識，洪業之揄揚，以至前教育部長羅雲平。特別稱述羅雲平先後任成功大學校長及中興大學校長，兩度親函禮聘叔岷師任文學院院長，卻為夫子不願承擔職務而婉拒，令人感到遺憾，卻更令人見出羅雲平之恢宏氣度，與崇重學人之至誠。令人見到羅先生之屈己下人，羅致賢哲之德量。真是當代有高尚風範之學術領袖，足以繼承朱家驊、傅斯年之功業。夫子載敘，令我輩耳目清明。

叔岷師憶往，特有一較長篇章，稱述台大中文系一般老友，題稱〈故舊凋零〉。歷敘其在中文系四十四年，前後逝世諸友，計有伍俶（俶儻）、何定生、許世瑛、洪炎秋、戴君仁、屈萬里、毛子水、鄭騫（因百）、臺靜農（伯簡）等人。夫子一一略記每人之性情、專業、特長與成就。追思悼念，感懷傷逝。在我治史之人，最重視一代人物生平志行之記注。吾亦時為相類之文，投載於《傳記文學》可以覆按。仍嘆當代注記之作不足，甚盼文家多作貢獻。

叔岷師尚有南港好友李光濤先生，記載兩人深交，並慨嘆李先生之撞車逝世。說來南港前輩之中，我亦親接李光濤先生，我到研究院，起初就編檔案，而院中前輩只有光濤先生一人是畢生編明清檔案，故而我是時常請教。我亦得到李先生諸多鼓勵，在此順便表述與李先生請教經過。（在過去著述中提及李光濤先生有四次，提到岷師者有五、六次，提到屈萬里師者不下十餘次。我的計算方法是每篇文章只算一次，本文提及叔岷師及其他老師只算一次。）

丁、對學生（一）：三次胃病

叔岷師在一九八一年自星洲回到南港中央研究院，同時並在台大中文系講課。教書加研究已夠忙碌，而回國之後，國內外學生多時來信，夫子重情義，是每信必回，天天均能收到來信，固是一種安慰，卻不料忙出胃病，一九八一年一月上課時忽感暈眩，經同學護送回南港，次日終不能支，至台大醫院診察，竟已胃潰三孔並出血，隨即住院休養。而中文系學生多人更輪流照顧，多來慰問。星島學生聞知，或電或信，多所問候。夫子感念門人愛戴，遂詠詩以留紀念。夫子康復出院，仍是著述不休，勇任而忘身，乃有二次復發之病倒。

一九八三年趕寫《莊子校詮》，至十月胃疾復發，竟至昏倒於洗手間，幸經一青年過客扶回臥房。一夜胃痛難忍，至天亮電知門人張以仁、周富美伉儷護送至台大醫院調治。夫子亦將此招病復發之情敘於《莊子校詮》序文中。其實夫子尚在他書附抄張以仁兄之詩數首，不止一次。以仁兄亦國學名家，有書贈我，在院交契頗篤。其詩才夫子多有稱譽，而學養更值推重。

《慕廬憶往》原在一九九三年十二月出版，其中提到八二年、八三年兩次胃疾。未料至一九九四年一月夫子又胃疾復發，乃由中研院文哲所門人林玫儀、鍾彩鈞護送至台大醫院診治，至二月初病癒，再由彩鈞接回中研院住處。臥病期間，有台大中文系學生二十餘人輪流看護。夫子深感慰藉，有詩記繫。其詩適在新作詩集《隨感吟》中，並亦先後詠詩引稱林玫儀之時奉飲食，鍾彩鈞之供研藥丸之器，並各有詩申敘感念。三次胃疾，俱有眾廣生徒關懷，令夫子彌念學生之深厚敬愛。

戊、對學生（二）：星洲女弟

叔岷師在新加坡大學及南洋大學任教先後凡十一年，有諸多女弟常有書信或親來致候。或問疾，或賀年節，亦每有贈餽。夫子深感其情，於憶往書中作專章陳敘，並各賦詩以記情事。夫子雖離星洲，卻使弟子永遠繫念，正足反映夫子學問品詣之受後生仰重。

憶往一書最值得一提的是夫子個性真情灑脫之處，乃是他七十歲退休後穿牛仔褲陪伴星洲來台的女同學玲玲在台北逛街吃館子之記述。學生知道老師退休，願意穿牛仔褲，遂來台北也穿牛仔褲陪夫子逛街，並要手牽手同行，還要攝影留念。不讀此書，全然難料夫子如此年老天真，令人慨嘆真是性情中人也。夫子有詩紀實，茲可抄附共鑑賞。

試著牛年牛仔裝，居然英挺似牛郎。呼牛呼馬原非實，還我天真此意長。

（《慕廬憶往》）

夫子亦喜與學生來往，彼此全無隔膜，雖是年老，亦性同少年。亦有詩以表心情：

老年喜與少年遊，漫向人前說代溝，自有真情通契闊，不須言語更相求。

（《慕廬憶往》）

己、對學生（三）：年年祝壽

叔岷師垂暮之年，最稱心適意之事，乃是門生年年祝壽。夫子生辰是農曆四月二十九日，惟學生記得提前到西曆四月二十九日。自一九八四年退休之後，門人弟子或分批或聚集，紛紛為夫子祝壽。夫子記下門弟子多為教授級，其中除清徽一人為夫子北大同學外，其餘俱是學生。有我熟識的龍宇純、羅聯添、楊承祖、張以仁、曾永義、王保珍、齊益壽等教授之外，尚有所記彭毅、文月、嘉錫、德漢、啟方、美月諸學者。其後，諸賢實年年均要設席祝壽。夫子書中提示兩次，但見後續歷年仍是祝壽不斷，夫子故稱之為年年祝壽。並先後引舉張以仁教授之詩多首。夫子每每有詩紀盛，其中一首，甚值引據共賞。

幽居與世了無爭，過隙駒光歲月更；勢阨難忘家國痛，溫馨最感友生情。
猶逢薄俗尊師道，未敢衰年負學行；青出於藍期後進，眼中濟濟見菁英。
（《慕廬憶往》）

後來在叔岷師嵩壽八十之年，門生為之集編祝壽論文一巨冊，夫子至感欣慰，特亦記注於《憶往》。夫子雖屆高齡尚仍著述不輟，真可說是老當益壯。

庚、對學生（四）：又寧女弟

這一題我選擇談李又寧教授，理由是她是叔岷師門下少見的出身於歷史系。夫子門人十九為中文系出身，前面各節，俱不出中文系範圍，在此要舉示一位非是國學家者，而以李又寧教授當之。另一層理由乃是我的記敘，惟此一節出於親見。因為又寧自美來台，前後兩次為夫子祝壽，我俱是應邀陪客，整桌席全是又寧一人付鈔。

上述理由已足，但仍要根據夫子之手記乃至夫子之吟咏。王夫子提起又寧女弟，是十分稱心而愉悅，在其第六本詩集《隨感吟》中，分別可見到四次不同時期賦詩。其時間在一九九四年至九六年之間。一次是又寧致書，稱揚夫子秉賦超俗而澄明，夫子有詩遜謝不敏。一次又寧寄贈軟袍，供師禦寒，夫子乃吟詩存記厚情。一次又寧携贈《紅樓夢》電視劇集十六卷，夫子晚間展閱時，以詩論紅樓。一次又寧函告要為叔岷師謀畫成立講座，夫子亦以詩明志婉拒。凡此四次尚未包括又寧請客祝壽之事，我則可作人證。頗知又寧之敬重夫子，如此大手筆，真乃巾幗英雌也。

辛、對學生（五）：一綹青絲

叔岷師對學生無不真情純摯，是廣受學生愛戴，在夫子憶往以至詩集，流露甚多，不能備舉。惟在此可挑選一件較具特色的記載，可顯見夫子之坦率純真。就是《慕廬憶往》中的一段小故事「一綹青絲」。夫子一本憶往，我以為要以此章最為細緻感人。我不多引括，但請你拿來細讀。

一九五四年，夫子大一國文班，有一位女生名叫凱寧。明眸皓齒，清麗絕俗，秀髮及腰，頗具閑雅氣質。她二年級又選修夫子所授莊子，多與夫子接近，喜讀夫子之詩，而大學部論文承叔岷師指導，繼考入研究所，則承岷師建議選鄭騫教授為論文指導。平時仍多與叔岷師來往請益，直至完成學業，返回香港。惟在其離校之前，一日以手絹包一物交給夫子，並說不要怕。夫子展視，乃是一綹青絲，二人默然相對無言。凱寧不久申請到美國耶魯大學深造，表現卓異。畢業之後嫁人，隨夫婿遍歷世界各地。台大師長若臺靜農先生特加讚嘆。

重要之點，在於叔岷師珍藏一綹青絲多年，並帶至星島南洋。至一九八〇年，夫子即將返回台灣，遂即將絲絹包妥之一綹青絲，深深掩埋於房前花壇之下，算來珍藏有二十餘年。

岷師《慕廬憶往》乃一九九三年十二月出版，九四年春夫子胃病住院，女公子國瓔教授由星洲飛來探視，順便提及憶往所載一綹青絲，不知凱寧是否生氣？夫子告以原稿曾郵寄美國以詢凱寧。回信告以此情質諸天地而無愧，於是乃使國瓔放心。

其實，我輩讀書，要思無邪。人間至性，古今所同，夫子人品高潔，決不可輕率質疑。此是杏壇佳話，值得流傳後世。

四、餘論

我推尊王叔岷夫子為國學大師，是站在歷史家的立場識斷而說話，願負學術責任。現在必須要申說我的觀點所憑恃。關於《史記》這部書，我是除十表之外，其他各卷全加閱讀。所用本子是日本瀧川龜太郎的《史記會注考證》，瀧川已是日本漢學大師，世人尊重，而今自一九八三年夫子完成《史記斠證》出版，台灣學界無有反應，而大陸上一些《史記》研究學者，推崇備至，不但是超越瀧川博士，亦超越大陸上通行之排印校注本，比之更加詳備。夫子此書出版，我是人在香港工作，故未送我，但我後來亦得到史語所送我一套。

岷師在大學講授《莊子》不下三十餘年，當年已為世推重。自是《莊子》之權威學者，學界公認。惟自一九八八年《莊子校詮》一書出版問世，大部頭巨作，遠邁前賢。其時我已在香港工作十多年，並未見到此書。起先我讀《莊子》是採用黃錦鋐所編《莊子讀本》，使用方便，用得很久。在香港時期又購到一九八六年歐陽景賢在大陸出版的《莊子釋譯》。直到我一九九〇年回台北任職，方有機會得到《莊子校詮》三冊，卻不是夫子所手贈。我敢說叔岷師只憑《莊子校釋》與《莊子校詮》就能在國學領域推尊為大師，乃是以著作成就而博得榮名，自有憑藉，無所疑議。

須知，中國近代學術因受西方文化衝擊有重大變化。顯著階段，啟步於甲午戰後，以一八九五年為轉折點。先是分別中學與西學，不意承受東洋、西洋學術分類影響，使中國忙於追逐倣效，已出現青黃不接。終於放棄經史子集之四部規格，而暴露有十年頭路分歧，雜糅混亂局面。直到一九〇六年（光緒三十二年）鄧實創建「國學保存會」，至此方有統合性學術統一之國學名詞出現。近代國學之史，當以一九〇六年為起點。

國學並不等同於漢學（Sinology），內容較漢學為狹。主體仍包括文學、史學、哲學，卻不包括宗教、藝術、音樂、社會、法律以至科學。但漢學則全力納入，東洋西洋亦作如是觀。

今日國學內涵仍廣濶，若文字學、訓詁學、聲韻學、校勘學、目錄學、版本學、甲骨學、簡牘學等等，掌握一門，即成名家。夫子《斠讎學》問世，即是國學家重大貢獻，乃是成就一門學問，豈可不尊為大師？

凡此上述三種巨著，自是二十世紀學術貢獻，有真切實據，吾因可肯定推尊叔岷先生當為國學大師。叔岷師尚有其他種學術著作，已先事敘及，可省再提。

王師治學極盡嚴肅樸實，客觀窮究，不涉動一點情緒，或不免錯覺其堅僻頑固。其實夫子才藝亦高，性情溫和，談吐風趣。才性一面，表現在心思活潑，詩才洋溢，詩之醇美，意境靈明。其詩淺易，如同說話，即使用典，必於詩後自作箋注。我不懂詩，亦喜讀之。夫子著詩集六種，分為：《四餘齋詩草》、《南國雜詠》、《舊莊新詠》、《寄情吟》、《落落吟》以及《隨感吟》。我手中只有《隨感吟》，其餘則向偉賢兄借得。一來我不懂詩，二來篇幅不足。在此提到一點，不足表述夫子之詩作，謹請識者諒恕。

叔岷師於一九六三年赴星島講學，一九八一年方回台北。鄙人雖此前常向夫子借書，他只代借台大中文系線裝書，因為史語所之書我自會去其圖書館閱讀，故承夫子不惜遠從台北帶大批線裝書來，迄今仍是感承厚愛。惟夫子回台在一九八一年，而我自港回來於一九九〇年到南港上班，直迄世紀之末，此十年間始多去探望老師。夫子為我寫了條幅兩幀。其一裝軸掛在家中，其一裝框，帶來多倫多掛在小書房。後因台北房壞，亦將裝軸帶來多倫多。平時常去夫子在傅斯年圖書館之研究室閒談。其時在一九九六年，出版拙著《明清時代庶民文化生活》，在此年一月寫序，稱述夫子之高誼，並將拙著呈叔岷師，夫子讀到，遂賦詩詠感，並抄錄贈我，珍存至今，備見夫子垂憐，謹將夫子手跡附於此文，俾學界同道觀覽。非為自炫，乃表彰吾師之高誼也。

二〇〇九年三月三十一日草成

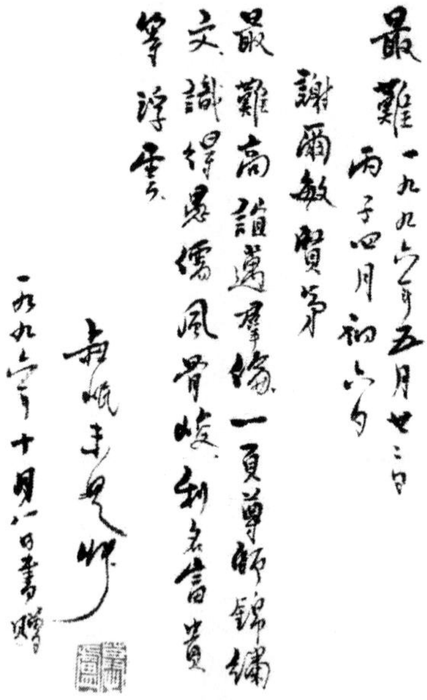
最難
一九九六年五月廿二日
丙子四月初六日
謝爾敏賢弟
最難高誼邁摩倫一頁尊師錦繡
文識得愚儒風骨峻利名富貴
等浮雲
叔岷未定草
一九九六年十月八日書贈

▲ 叔岷師贈詩手跡

懷念吳俊才先生的師道典範

歷數台大、師大、政大以至東亞研究所，正式受教於吳俊才先生門下的入堂弟子，可說是桃李滿門，菁峨造士，蔚為大宗。惟在此當中，要以李國祁、閻沁恒、李恩涵以及鄙人算是最初受業的首班弟子。我等俱是民國四十一年（一九五二）吳先生開始教書時的及門弟子，那時我們是大學三年級。我與李國祁、李恩涵同一班選修吳先生「印度史」。第二年（一九五三）我們四年級時又選修吳先生的「東南亞史」，六十年前之事，今時敢自居為吳門大弟子，是無爭議的。像台大閻沁恒，是吳先生最信任的大弟子，師大李國祁是吳先生最鑑賞的大弟子，還有學長陳三井博士，亦是吳先生所鑑賞之弟子，被邀聘在國際關係研究所擔任外交專家，正是吳先生對於歷史學出身的門人之識拔引重。

吳俊才先生是二十世紀，新聞學資深名家之一，與同代董顯光、成舍我、曾虛白、馬星野、葉明勳、陳裕清、毛樹清等齊名。而實際獻身黨國，自五十年代以至九十年代有四十年之久，最高歷任國際關係研究所所長、國民黨文工會主任、革命實踐研究院副主任、國民黨首席副秘書長、以至駐薩爾瓦多大使、中央日報社長等要職。一身具備新聞專業、史學專長，以及外交家、政治家之實質使任。事事表現其才識高遠，謀慮深細，於當世政壇，自是廉能勇任之公僕，在知識界，亦是培育英材、愛護生徒之導師。

今年三月間，我致電請求好友王壽南教授代我收寄有關吳俊才老師的資料，特別是要他所寫的《吳俊才傳》，晚年的我，回憶往昔，有幾位業師長輩，向時深承教誨啟迪，關顧提攜，多年來寫下若干懷仰紀念之文，而於吳俊才師分手離校後來往甚少，知道吳先生身世行誼甚少，不敢下手。承壽南兄將其《吳俊才傳》相贈，又附寄一本極重要之紀念專集：《懷念吳俊才先生文集》，由石永貴主編，正中書局出版，於民國八十六年（一九九七）吳先生逝世後一年而問世。其中網羅吳先生友朋、門生、部屬、賓僚，以及子女快婿之作品，有二十餘篇之多。經我用心閱讀，獲益匪淺。

我讀兩書的印象在此略作交代，讀《吳俊才傳》作為對吳老師身世的全面了解。壽南是用紀傳體寫法，此傳為國史館而寫，筆觸在言簡意賅，不務鋪敘。他雖是吳先生快婿，亦絕無頌美之辭。表現是簡潔曉暢，疏而不漏。

至於《懷念吳俊才先生文集》，二十三篇，各具專門，各有重點，各富特色，各展深度，俱能考見任事之艱難，開拓之不易。綜合考察，得見到吳先生算是中國國民黨高層一位運籌帷幄之士，看他只一位文弱書生，而竟能擔任革命實踐研究院副主任以及黨中央首席副秘書長，是良有因也。看到他的縝密思慮，深謀設計，上層俱能言聽計從，命其放手推動，且各自收效，較之前史，真可比之於張良再世。

吾參考《懷念吳俊才先生文集》，於吳先生全般功業，參考歐陽勛之大文，於國際關係研究所是參考方雪純大文。對於東亞研究所是參考唐柱國大文。關於革命實踐研究院是參考焦仁和大文。關於新聞事業，是參考石永貴大文。

最後輪到歷史學這一門類。哎呀！早有吳門大弟子李國祁、閻沁恒各有一篇大文。他二人俱已說到，無有我置喙餘地，這中間我要特別推重李國祁之一篇。他是當今一位大史學家，他這篇長文專門記敘吳老師所教之「印度史」有概括性介紹，更指出多年以後，於民國七十年出版《印度史》巨著，達五十餘萬言，國祁兄認為言及印度史迄今無有出其右者，國祁兄以大篇幅介紹吳先生《印度史》是在學術領域把吳先生拉進史學領域一位名師。此見我最領會。國祁兄大文亦詳細介紹吳老師的《東南亞史》，不僅舉示吳老師於東南亞諸國國情民族及文化之認知與通識，亦是提到吳先生亦出版其《東南亞史》一書。我必須在此多說個人淺見。吳老師這兩本著作，無愧為一個史學家之造詣，他固然只是兼課，但著作是專書，功夫是專業。有不少專業歷史教授，一生也未必有著書面世。我們同道共識，須有專書問世，方可被看重是一位史家。那樣，吳俊才先生自然算得上我們史界同行長輩。他既能講課，又有著作，實更勝過不少專業歷史教授。

到此我得坦白自認，我是一個書呆子，承郭廷以夫子召喚，追隨他到近代史研究所，工作在編纂外交檔案，又承命做專題研究。同事中人才濟濟，個個才學勝我，因是得埋首讀書，加強學問。身外之事少有聞問，因是對老師吳俊才先生所知極少。看到他身後門生部屬友朋賓僚之紀念文集，到今方纔知道他是兩位蔣總統倚信付予重任的黨內可靠幕僚。忠心謀畫，勇任艱鉅。到此才算增長見識。各路名家俱已宣述全備，拙文則只能申敘我與老師吳俊才先生之個人關係。

吳先生初來師大講課，年紀不過三十歲，正如國祁兄所記，西裝整潔，溫文爾雅，從容論述，不激不隨。全抄黑板，不發講義。選課者有三十餘人，俱抄筆記。同班中李國祁、李恩涵俱是富有才華，表現優異，深受吳老師欣賞。吾乃粗材，抄筆記又是雜亂無章，只是考試尚趕得上，亦受吳老師看重。在學期結束之前，吳老師相告，逢年節之當晚，約我到其府上過年。我因早與中部舊同學在空軍任職者，相約前往與他夫婦一同度歲，因是就婉拒吳老師好意相囑。我相信他亦相約李國祁、李恩涵到其府上度歲，缺我一人也不重要。我在中部過年之後，回到台北，親自到吳老師家拜年，扣門之後，其愛女大約五、六歲，出來開門。我向她說明要見吳俊才先生，他女兒向父親告知有人來見，吳先生以為一定是熟朋友，回說要他進來吧！我一進屋，原來吳老師尚躺在床上。我於是向老師、師母說些拜年祝福的話，他並不拘禮數的一直躺著說話，未作起床打算。但我相信他很高興卻料不到我會來拜年，可以相信我是很尊敬他，並非借故婉拒他的約請。我亦相信吳老師仍看重我，多年之後，在電視上看到吳師母馬均權女士每週教中國菜的節目，纔覺悟到不去吳老師家吃飯，那是一大損失。

我們四年級大學畢業，同學請謝師宴，吳老師翩然來臨，老師們上坐，共聚幾張飯桌，十分歡欣熱鬧。事後分手就不易見面了。同學們在受過一年軍官訓練，也都各奔前程。我等俱知吳先生是新聞學專業，曾任《中央日報》駐印度特派員，而我們多是教書，大約一班中有五位男同學跟隨郭廷以夫子到近代史研究所工作。這樣與吳老師是難有聚晤的機會了。我個人對所有老師俱都缺於禮數，就是郭夫子亦只是在辦公時間偶能見面，決不到其府上走動，抑且並不在年節親去拜年，成為習慣。我這樣粗鄙無禮，郭夫子只會督教在所中盡力工作，加強研究。而淵海大度，並不計較其他。在師大我所敬愛的老師郭廷以、沙學浚（系主任）、王成椿（理化系教授）乃是吾恩師，俱不免疏於禮數。僅只有戴玄之教授我是私下來往最密，並多在其府上吃飯。

像我是一味粗鄙少禮，魯鈍木訥，吳老師竟亦畀賦關愛，遇事不忘提攜。我在南港地區，埋首讀書，真至昧於現勢，孤陋寡聞。吳先生實心任事，不務虛名，已是黨國重鎮，做了不少大事，而聲名並不顯赫。

在民國六十一年五月至六十五年十二月期間，吳俊才先生擔任中國國民黨文工會主任。（據《吳俊才傳》，我是到今方知）吳先生推動諸多重大設施（各家有記，此不具論），其中一項是加強並提高學術研究，因而創刊《中華學報》，一年兩期，召來大弟子閻沁恒佐其編政，此在民國六十三年創刊。當年沁恒兄親到我家拜訪，告知吳老師囑我寫論文支持。我受命之後，就草成拙文〈上海開關及其港埠都市之形成〉，此文乃是用心之作。文中收有出自英國國家檔案局（Public Record

Office）所藏上海開埠最初英國領事館是駐於上海城內，世人少知，即分明載入此圖。因為向來所及，英領事館是駐在城北洋涇濱以北。拙文又附載英國檔案局所藏之最早的「地皮章程」，此是上海開埠畫定洋涇濱以北之商業區，可據以見到最早期洋人能買地建房之範圍。拙文即投在《中華學報》二卷二期刊出（民國六十四年）。至此方始知道多年來吳老師不忘提攜這一個小門生。

接下來一年，吳老師注意到中國國民黨歷屆黨代表大會之連續史來，計畫於《中華學報》出一專輯，因是由沁恒兄約集十餘位專家聚會，商談分擔各次黨代表大會之過程及種種決策，很具一貫大勢，必須大家合作。自然要以蔣永敬、李雲漢兩位專家是正牌黨史權威，我是外行，附於驥尾，承命撰寫第九次全國代表大會。此一專輯刊於《中華學報》第四卷一期（民國六十六年），此事更明見吳老師悉心提攜之意，我將永注於心懷。

民國六十五年（一九七六）吳先生交卸國民黨文工會主任之職，受命出任駐薩爾瓦多共和國大使，在十二月間未赴任前，得一段稍能空閒時間，囑命閻沁恒兄約集老師門下一批老學生聚餐會晤，承老師念舊，我亦得承沁恒兄相告，老師即行出國赴任，我輩十餘人要與老師餞行。此次會晤，吳老師展現無比的輕鬆欣悅，完全是紆貴降尊，笑容滿面，親切傾談此次出國之行。如此亦令我們放膽與之交談。此一聚餐很是熱烈而成功。在我心中烙記一個永久印象，很是紀念老師的關愛。像他那樣久在官場，分手二十多年後，卻和昔年一樣，一直保持書生本色。此點實能見出他的超卓人格，令人欽服。

民國六十六年（一九七七），吳老師早即銜命赴薩爾瓦多就任大使，我因受聘香港中文大學任教，亦離開台灣，次年（民國六十七年，一九七八），我回台北開會，承閻沁恒兄相告，吳老師已奉命回台，三月間接《中央日報》社長，老師本是新聞專業，推使《中央日報》擴充版面，多闢專欄，網羅各方專家供稿支持，加強學術文化、政法財經、社會休閒、旅遊娛樂等方面之知識訊息。沁恒兄承命主編《文史》專欄，每周刊出一輯，囑我撰稿支持，我承師門提攜任使，亦如前之效勞《中華學報》，託沁恒兄稟復老師，我當撰寫短稿投寄《文史》。我匆匆返回香港，未料吳先生竟賜寄專函，鼓勵勗勉有加。謹為附開於次：

爾敏吾兄惠鑒：久別正深馳念，頃由沁恒兄轉來惠書，始知文旌近曾來台開會，惜未獲把晤。才（老師自稱）於今年三月間奉調回國，接辦《中央日報》，五月起推出七大週刊，尚為讀者所喜愛。其中「文史」一刊，因沁恒兄之全力襄助，尤獲海內外學術界人士之重視。承允惠稿，必使該刊益增光彩。併此復謝，即祝時綏。吳俊才謹啟。八月四日。

吳老師之信乃係自製「叔心用牋」，亦加蓋印章，令我備感禮遇榮寵。他對所有門生屬吏一概稱兄道弟，愈見其屈己待人，虛懷容眾。在當代宦場，更是超越恒流。我只有老師這一封來信，保存至今，留作紀念。

《中央日報》在吳先生手中辦得有聲有色，可是他坐鎮不久，在次年民國六十八年（一九七九）二月調升中國國民黨中央首席副秘書長，承蔣主席之命，贊襄密樞，為興國利民大計，帷幄運籌。他自然辭卻《中央日報》。吾得投稿《中央日報》即始自沁恒兄主編《文史》專欄，後來沁恒亦離開《文史》，我亦未再撰文投稿，但亦永懷吳老師之器重加愛。

最後，我當一抒個人觀感。吳俊才先生一生以書生從政，忠黨愛國，禮賢下士，不遜於前代賢哲。他自是新聞學專業出身，抑且生平志行與新聞、與外交、與教育俱有深切關係，亦俱開拓各樣重大事業，自始至終尤以培育人才建樹最多，立功最大。讀到是時各家之紀念文章，自能備見其生平業績。

世人或不盡明吳先生之學問造詣，而李國祁兄之大文詳確舉示，吳先生兩門史學鉅著：《印度史》及《東南亞史》，俱能代表學術上之貢獻。其史學家地位實不可掩沒。李兄出於師大，閻沁恒兄出於台大，鄙人忝附驥尾，俱能一同證明吳老師教學研究之成就，他在史學界應有一定之聲名。

吳俊才先生訓育教導之門生，非止我輩若干，大部出於東亞研究所，此地即是吳氏教養培訓政治家、外交家、教育家一個搖籃，大家俱是吳氏一手造就之一代人才。故論吳氏在一代人才之施教培訓言，他是一個成全人才的大師，他自己亦從來未把自己看成是達官貴人。我看他永遠是一個書生，也是一個愛護後生的好老師。

二〇一三年六月五日寫於多倫多柳谷草堂

悼念中西古典語文翻譯大師劉殿爵先生

鄙人夫婦於今年（二〇一〇）四月十九日相偕自多倫多回台灣探親訪友。前後留住兩月之久，而於六月中旬再回到多倫多寓所，見有一些信件積存待閱，乃見及香港中文大學老同事朱國藩先生來函，相告恩師劉殿爵先生已於四月二十六日在港逝世，真是驚詫噩音，莫知所措。即復書國藩兄，表達懷仰傷痛，並為中大主政之「劉殿爵教授紀念獎學金」略盡棉力。隨之想到撰寫悼念短文，但連日來反復惶惑，全無信心下筆。蓋自愧於劉教授所知有限，憑一知半解，無法暴表大師生平志節貢獻。即令寫來，亦難免掛一漏萬，實覺猶豫，難於著手。連日徬徨不決，不免延擱時日，然以感懷劉教授向日厚愛，深恩實未報稱，實不忍漠然無所宣白。轉眼已進入七月，距劉教授忌辰日遠，亦愈覺於心不安，終須決定草撰短文，多少表達懷仰之情，凡與劉教授親接承教之情，略申所記憶。至於大師學問道誼，則就所知者隨手提及可也。以此拋磚引玉，祈盼高明之家更有詳實暴表。

以我粗淺所知，劉教授平易近人，卻狷介自持，雖是享譽英美，備受學界敬仰，然志操淡泊，謙抑誠懇，未嘗稍露得色，大與當世中西名流之躊躇滿志，傲視濶步者不同其趣。劉教授具大師風範，卻世少人知，吾尚不敢任意介紹劉教授身世來歷。謹願附開《中文大學校刊》（一九七九年夏）備為簡略參證：

> 劉殿爵教授生於一九二一年，在香港大學修中文，一九四六年赴格拉斯高大學深造，攻讀哲學。自一九五〇年起，即在倫敦亞洲及非洲研究學院教授中國哲學。一九六五年獲聘為倫敦大學中國哲學教授，一九七〇年升為中文講座教授。
>
> 劉教授曾經出版《老子》、《孟子》及《論語》的新譯本，並計畫翻譯《大學》與《中庸》合成《四書》英譯本出版。所譯《魯迅小說集：詞彙》已於最近出版。
>
> 一九七五年中文大學鑒於其在海外不斷努力推進中國文化，成績斐然，特別頒授榮譽法學博士學位予劉殿爵教授。

劉教授於一九七八—七九年度應邀前來中文大學任教，擔任中國語言及文學系教授，並負責籌創中國語文研究中心。

在此引據香港中文大學校刊之載述，自較私人筆記更見可靠而具有公信力。

如果我等讀者投畀一覽，不費功夫，亦不會感覺有何等可重視之處。其實在此段簡介已將若干要點提示，三言兩語之中，已透露劉教授大半生治學教研及其享譽士林之來歷線索。我們可以作較詳確之展述求證。

最近在今年五月香港中文大學追念劉教授逝世，即刊出劉氏門人後學包括英國門人裴達禮（Hugh D. R. Baker，倫敦大學榮休講座教授）、安樂哲（Roger T. Ames，現任夏威夷大學教授）以及香港門人後學何志華教授（中文大學中國語文學系主任）、黃坤堯（中文大學語文系教授）、董橋（香港文學作家）等五人俱作紀念論文，從各家論述，可見及劉教授身世門第、學問造詣、生平著作、學術貢獻等詳確實錄，甚值綜述暴表，以備傳記參考。

劉殿爵教授世列粵籍，祖居廣州，以嶺南書香之家，自嚴父景堂公（號伯端）於清宣統三年（一九一一）攜家移居香港，以為長久寓所，其時長兄德爵方二歲，與父母同來香港，正見出景堂公移港定居之決心。家人聚港，景堂公即於一九一二年任職香港華民署文案，直至一九三二年退休。景堂公雖是文案，實為詩詞名家，著有《心影詞》與《滄海樓詞》傳世。嶺南詞界詩家俱多引重。殿爵先生門人安樂哲特引劉氏詞句數語，並附英譯，以表其家學根柢，值得在此提示：

景堂公《點絳唇》句：

休重省，百年短景，容易風吹醒。

英譯：

Do not wake up any more, The short dream of a life of a hundred years, is too easy to be blown awake by the wind.

譯者：Katherine Whitaker。

於此詞句所見，可信劉景堂之文筆平易淺顯，而含蓄深永。譯者亦詞簡而味足。至於譯者亦並非外人，亦當安樂哲之在校老師，係劉殿爵先生好同事賴寶琴，乃亦粵人，年長於劉教授，係一九六四年劉先生引荐我拜識她，在英經常招我飲食，十分慈祥和藹，也是倫敦亞非學院資深老師，自然英文造詣精深。

一九二一年三月八日，殿爵先生生於香港，與兄德爵、姊圓爵俱是才華卓異，承緒景堂公家教。長兄德爵香港大學畢業，除長於中英文外，又通曉法、德、日、俄、意大利、西班牙等國文字，一生任教於港地。長姊圓爵亦香港大學畢業，精通中英文，生平歷任女子中學等校校長。至於殿爵先生亦選進港大中文系，一九三八年進校，一九四二年適在日寇攻佔香港之年初提早卒業，遂亦與家人避難廣州。一九四五年二次大戰結束，一九四六年殿爵先生獲英國勝利獎學金（Victory Scholarship）負笈英國進修。劉教授曾相告乘英國輪船前往，中途亦有新加坡李光耀先生同船赴英求學。相傳尚有其他名人亦在同船。今時何志華先生指出所乘係S S Britannic號船。

劉先生到英之後，即進入格拉斯高（Glasgow）大學攻研西方哲學。一九五〇年劉先生完成學業，取得學位之後，即應聘至倫敦大學亞非學院（The School of Oriental and African Studies）開講中國哲學。因於中國古代各家學說深致研究。及其對英文之精練以及語言邏輯之素養，駕馭中國古代思想之經典論著，乃能從事翻譯《老子道德經》、《孟子》以及《論語》等名著，成為Penguin Classics系列重要出版品。英譯：*Lao Tzu Tao Te Ching*，一九六三年出版。*Mencius*，一九七〇年出版。以及*Confucius The Analects*，一九七九年出版。此三書均蒙劉教授親筆題贈，余實感承厚愛，備為珍藏。如此簡述，見不出重要性，須知劉教授貫通中西學術，對中國古籍有深刻解悟，而其譯筆謹嚴，用字譴辭，既典雅且精準，在西方學界公認最切當之標準譯著，幾乎受西人（不包括旅外華人）普遍看重其譯著，看其所譯《道德經》，自一九六三年刊布以來銷售額達七十餘萬本（據何志華教授所示），亦足可信其所譯中國典籍，受到西方讀者廣泛肯定，其影響西人之深澈亦可憑而論定，此亦是學術性讀物。其三種譯著，正足以啟示西人明白見識中國文化，貢獻至鉅，無疑為當代翻譯大師，可謂前無古人，後無來者。

根據劉先生之英國門人斐達禮（Hugh D. R. Baker）介紹劉先生於一九六五年晉升亞非學院中國哲學教授，一九七〇年授任為中國哲學講座教授。斐達禮並聲言，凡華人被授為講座教授者始於一九三八年陳寅恪為英國所聘任，一直至劉殿爵教授享此榮名，此後亦未再有相繼者。此在劉先生言，乃實至而名歸，在自來遊居海外之華裔學者言，實難能而可貴。（由於陳寅恪先生並未赴英接任教授職，實際任此職者只有劉先生一人而已。）

一九七五年劉教授接受香港中文大學授予法學博士學位，一九七八年並受聘為中文大學語言與文學系講座教授，校長馬臨先生對劉教授十分禮重信任，除請劉教授為中文系開講專課之外，並邀港紳吳多泰捐資創設「吳多泰語言研究中心」，並先後請劉先生兼任文學院長或中國文化研究所所長。不但在於劉教授通熟中英兩種語言文字，而劉先生實具使命感，多年有志於整理中國古今語詞之正詁正音，為中文大學做出之第一個重要工作，即為清儒王念孫之《廣雅疏證》，此一巨著由中文系陳雄根博士任助理，由劉先生一手增補斷句，作新式標點，而由中大出版社印出，書題《新式標點廣雅疏證》。此書自是文字訓詁各方名家所重，而劉氏之學養功力自更為學界所推崇。

劉教授在校開講《呂氏春秋》及《中國語文學史》，同時長期兼任《中國文化研究所學報》主編，由朱國藩先生長期協助至近期，亦為對學校之辛苦奉獻。

劉教授除其古籍英譯之外，對學術上最大貢獻，也是對中文大學之重大貢獻，乃是在於其所主編《先秦兩漢古籍逐字索引叢刊》（*Ancient Chinese Texts*

Concordance Series），是將漢代以前至上古之所有重要典籍，每書俱逐字加以索引，並將各書本文附印備查。此一工程浩大，早在三十年代，只有洪業教授主編中國古籍索引（Index）已予讀書者極大方便，劉教授在中文大學之龐大計畫，更加繁細，與文化研究所陳方正教授合力編此一套巨製，真是重大貢獻。我昔日一九六三年晉謁劉殿爵教授，在六三至六五年之間時常討論學問，那時劉教授已相告主張編製一套中國古籍逐字索引，我曾重視此事，久注於心，但恐在英國人手不足，推知不易著手。未料三十多年後，劉教授得馬臨校長支持，一直留在學校，使此一工作得以完成。十年前我曾赴港探視劉教授時，見其編成之逐字索引俱已成書，劉先生頗具自信，取下書來展示給我看。劉先生此一心願早曾遍告友人門人，所知美國周策縱先生最早知曉。一九六四年我與周先生通信，向周先生表示願盡一分之勞，追隨他二人做此事。今經何志華先生追述，論及劉先生之貢獻，已為古籍上網開出方便之路。

劉先生之重視中國古代典籍，廣泛而深入，除其精熟老子、孔子、孟子之書而英譯之，（附告：馬王堆《帛書老子》出土之後，劉先生亦有譯本問世。）其指導英國門人安樂哲研究《淮南子》，早於《呂氏春秋》與《淮南子》有極精深研究。

我自在英受教以至在中文大學同事，於此二書得劉教授之教益甚多。劉教授特別於《淮南子》有精湛研究，何志華教授甚加暴表。我今手中尚有劉先生所贈其所著之《讀淮南鴻烈解校記》，我承劉先生垂教，自動閱讀《呂氏春秋》及《淮南子》兩書，並自信受到劉先生啟迪。

推尊劉殿爵先生為當代翻譯大師，決非我區區一人之私見，早有董橋（香港作家）大文有不少故事引據。惟其文敘述太長，今只可稍引其文中一段話：

> 劉殿爵窮半生學力精力為老子、孟子、孔子三家思想做的是啟碇揚帆的夜航：他在意的不是逐字逐句的迻譯，而是字裡句裡整套哲理體系的引渡。翻譯大家湯新楣先生說，劉教授彷彿西方交響樂團的指揮家，演繹著東方春秋戰國的不朽樂譜。（原載二〇一〇年五月九日《蘋果日報》）

事實上不待我輩宣說，須知自一九六三年以來，在英美學界，對於D. C. Lau（劉殿爵先生之英文名）大名早與典雅精審之英文翻譯，畫為等號。此在西方是共諭通曉，而於華人世界則僅有香港一地敬重這位大師。迄今為止，台灣、大陸學界，並不知劉殿爵是怎樣人物，遑論聆教仿習。

劉殿爵先生半生從事翻譯，自是累積豐富經驗。對於翻譯之在學術上的重要性以至翻譯之廣泛功用，自是歸納出個人獨具之見解。在此應須引舉其所自道：

我們平常提到翻譯總以為翻譯是把用一個語言寫的作品譯成另一個語言，以便不懂原來文字的人可以看懂內容。其實翻譯的範圍並不局限於此。第一，翻譯不必牽涉兩種不同的語言。同一個語言中的方言之間也可以翻譯，古語和今語之間也可以翻譯，甚至在完全相同的一個語言，用兩種不同的方法說同一句話也是翻譯。第二，翻譯不一定是全篇的翻譯。為了詮釋，將一個詞翻成另一個詞也是翻譯。譬如說古代的「屨」可以翻譯成今日的「鞋」。但翻譯更有一個很重要的作用，這就是用來分析一句說話的語法結構，尤其是一句話可能有兩個不同分析的時候，我們可以用兩個不同的翻譯分化不同的結構，從而把歧義顯示出來。（劉殿爵著，《語言與思想之間》，香港中文大學，一九九三年七月印，頁八十五。）

劉先生之言，似將翻譯功用拉得很廣，實俱出於其熟讀中國上古典籍之解悟。須知翻譯古籍至西方語文世界，若其所譯《老子道德經》、《孟子》、《論語》諸書，有先須弄明白上古文字語言在現時的正確意旨，然後據此了解譯成英文，並須保持英文之典雅醇美文句，是一種classic style，與西方經書放在一起，仍是中國經典。劉教授之所以為英美學界欽服，其學養精深，貫通中西，並能溝通古今，自是一代大師風格。

劉教授講究翻譯語詞之精準典雅，世人未能核驗體察。當劉先生回港在中文大學任教之後，並主持吳多泰語文研究中心，除於古籍各樣難解詞句，各以專文辨析索解，提示正詁，大異於往時訓詁學家之傳統以同義詞訓解之術，而多篇訓解古詞，以古人特殊習慣及地區方言之例句，追尋前代語詞正解，各文於一九九三年結集出版，為研治古籍闢一訓詁學新路，最能見出劉先生融會西方語言考證學之功力。其書在學術上自具特色。

適劉氏於一九八〇年三月在《明報月刊》發表其試以現代語詞翻譯佛教界最廣為善男信女誦念之《般若波羅蜜多心經》，其新譯與唐代玄奘大師所譯者作對照，全經甚短僅十二節，今舉劉先生所譯之前三節，每節與玄奘原譯對照，使人可以明見古今用詞之不同。劉氏當然附有詳細注釋解說，但在此不能一併列出超過十倍篇幅之文字。

劉氏今譯《般若波羅蜜多心經》：

玄奘原譯　第一節

觀自在菩薩行深般若波羅蜜多時，照見五蘊皆空，度一切苦厄。

今語譯

崇高的觀自在菩薩在運行到達彼岸的高深智慧時，居高臨下，看見五種組合成堆的因素，並且看見這五種因素在本身存在上是空的。

玄奘原譯　節二節

舍利子，色不異空，空不異色。色即是空，空即是色。受、想、行、識，亦復如是。

今語譯

〔菩薩說，〕〔舍利子，形體就是空，空就是形體。空與形體無異，形體與空亦無異。凡是形體的就是空，凡是空的就是形體。苦樂的感受、感官的感覺、行動的意向和認知意識，這些與空的關係也是一樣。

玄奘原譯　第三節

舍利子，是諸法空相，不生不滅，不垢不淨，不增不減。

今語譯

舍利子，所有終極的事物都以空為標識，既無所謂產生，亦無所謂消滅；既無所謂污染，亦無所謂純潔；既無所謂不足，亦無所謂完全。

此類今譯，引於劉殿爵所著《語言與思想之間》，第一三四至一三九頁。（香港中文大學吳多泰語言研究中心，一九九三年印）其每節譯文之下，加有注釋，詳論遣詞用字與經文原意之精審真解，語涉專門，亦舉英譯梵文之用法。蓋在對學界名家以至佛界高僧作負責申解。無法摘舉個別詞字，全舉則會佔七頁篇幅，只好從略，惟祈學界識家取其書作檢證，鄙人在此告罪。

本文引舉劉氏三節譯文，俾各家比較唐僧古譯與今時語譯之古今語詞對照。劉氏書中提明中國古傳九種心經譯文，以玄奘所譯者最流行廣遠，善男信女多能習誦。而劉氏今譯，敢與佛家大師譯作並列比較，正亦見出劉氏生平譯學之精詣與自信。瞻顧當今中外精通西文者曾有幾人敢於嘗試？

雖然，劉氏並非佛教徒，其所譯無論有如何恰切正確，佛界高僧大師亦未必取來引用。劉氏亦自謙題為試譯，宗旨只為譯學，絲毫無關乎佛教之宗教義理。我輩自當認明劉先生公開其心經翻譯之學術上一個重大貢獻。希望此譯，能代表二十世紀佛經翻譯之文獻。我個人相信是大師手筆，當今學界高人當無有敢嘗試者。

一般而言，劉殿爵大名享譽西方學界，幾至完全重視其翻譯古籍之典麗簡明，精準恰切。鄙人筆拙，不足以表狀其學術道藝之深厚淵雅，惟知其相知好友周策縱、楊聯陞盛稱，其眾多門人若Hugh D. R. Baker（英國退休教授）、Roger T. Ames（夏威夷大學教授）俱著文詳述師門絕詣。於此，吾自不敢冒濫展述，恐其有掛漏之嫌。

我之有緣親接劉殿爵教授是因一九六三年起遊訪英國，乃係業師陶振譽先生命我趨謁劉先生。其時劉先生在倫敦大學亞非學院任教，一直是居住在一家旅館。由於振譽師之荐介，劉先生是很親切相待。我是後生晚輩，自此以師長之禮敬事劉教授，其時劉教授所譯《老子道德經》已經出版，他是在一九六四年送我一本。

後來在英日子，劉教授是經常召我會面聊天，一向是談中國古籍，他怕我不知原書句子，一邊也用小紙片寫給我。在我記憶中，他談《淮南子》最多，因此使我後來也會喜讀《淮南子》，自是真實領受教益。

自一九六三年至六五年間，我住倫敦約有二年時間，除六四年劉先生赴美國與周策縱先生相聚會，大多時間，他一直定居倫敦，住於旅館。我與劉先生時常相見。他是溫煦謙和，樸實平易。隨便閒談中使我學到很多。例如他向我解說西方之語言考證是極其嚴謹慎重，辨析訂正一字一句，比之今時我國言考證辨譌者為更小心，不會輕下斷語，輕易改易字句。因是他做翻譯，亦必先充分掌握古書文字語詞，再作翻譯。我在此領悟到語言考證之重要。那時他已熟用王念孫父子之書，此所以他能熟王氏《廣雅疏證》作補充斷句，而後會在香港中文大學出版此書。（即一九七八年成書之《新式標點廣雅疏證》。）

劉先生在一九六四年去美國之前，曾向我提及使用中國古書，須備好完備之索引，他所採用方法，比之三十年代由洪業教授創始之Index更要精密，是為對每部古籍之逐字索引，在西方稱做Concordance，並表示要和周策縱教授合作推動中國古籍逐字索引之編纂，此是繼承洪業教授之龐大工程，那時無法做到，而後來劉先生終於在中文大學吳多泰語文研究中心，以龐大財力人才編成此書，名稱是《先秦兩漢古籍逐字索引叢刊》（*Ancient Chinese Texts Concordance Series*）。大致是在二十世紀最末幾年到二十一世紀初完成刊布。後來我在台灣退休之後，到中文大學去見他，他就拿出這一批索引書給我看，我明白他多年心願能在晚年做成，一定是很滿意。我心中自然欽服他這樣鍥而不捨的精神。

劉先生如此學通中西，而一生淡泊自謙，我與之接談，自是不敢輕浮隨便，尤不敢放言高論，務要潛沉穩重，多半是會傾聽其細講一些文字意義。此類瑣事，不須贅舉，惟從其平日來往態度，已能察見其關愛引重之情。

其一件，我是以師長之禮敬待他，而劉先生對我這後生晚輩，稱兄道弟，所給我之贈書，客氣稱兄，使我十分惶恐不安。惟我致寄書信，必自書晚生，所有函牘決無例外。

其二，劉先生將我荐介與其好同事及好友。其好友陳志讓先生在里茲（Leeds）大學任教，到倫敦來，劉先生特別約我與之相見，主要陳先生是近代史同道，令我能隨之進而請教。後來陳先生並請我到里茲大學與其同事及學生見面，並由大家招待我吃飯。

劉先生更關心之事，是引介我與其同事Mrs. Whitaker見面，說明要請我吃飯，一到飯館見到是一位較劉先生要年長的粵籍婦女，她本名是賴寶琴，也是倫敦亞非學院資深老師。此後劉先生和她經常請我吃飯，我卻沒有一次回請。只是多年之後，賴寶琴女士也到台北，一些旅英學者會聚請她吃飯，席中尚有澳洲墨爾本大學漢學教授西門華（H. Simon），席間談起來，西門華原來是Mrs. Whitaker的早期學生，到此方知賴女士也是博通中西之學者。飯後我陪伴賴女士參觀故宮博物院，我見她很勞累，請她到舍下，由內人帶她到臥房休息一些時間，她稍稍精神恢復，就告辭要乘計程車回旅店，我實未能報答她在倫敦照顧之情。

更重要一件事，乃是劉教授約我與他乘火車遠赴里茲大學見亞洲研究所主任拉鐵摩爾教授（Lattimore），實是一位精通蒙古文之國際著名學者，中西大名鼎鼎，是在美國站不住，而到英國教書。我見他談笑風生與劉先生以英文對話，輕鬆愉快，未見絲毫大牌氣息，而劉先生則一如平常，談笑自若。席間尚有其他賓客，由拉鐵摩爾作東招待吃中餐。此一席使我也開啟了眼界，我認為值得記載。

最重要可記之事，乃是當在一九六五年，楊聯陞先生來英倫訪問，劉先生相約我同他在我居住附近之Russell Square會面，一同有四人散坐吃茶談天。其中一位洋人，全不知其名，主人是劉先生，客人是楊聯陞先生，我想我和那位洋人俱是後生晚輩，有幸留下攝影照片，可作長久記憶。我此次和兩位大師並坐談天，真是生平幸事。所保存之照片，乃我獨有，自當刊布問世。（見下頁）我等交談一陣分手，我又帶著楊先生走走，並順便請楊先生吃飯。此次向楊先生學到很多，他是我中央研究院前輩，早在院中一同唱戲，此次楊先生則向我自述其治學及應世態度，有八個字，我一直記憶，要：認真、虛心、和眾、求通。我以為可以終身實踐，實在感謝和懷念楊先生。

依據上舉各節，可以推知劉教授之仁惠敦厚，對我這一個末學後進，尚是寬待提携，而對其入室弟子，自更是關愛有加。我人讀到董橋之文，自當明見大概。

另一件事並不重要，卻尚值得存記。我在一九六五年九月底返回台灣故地，繼續研究工作，自是常與殿爵先生通信。相隔一兩年，劉先生竟然來台灣遊訪，他台灣熟人很少，且是遊觀性質，學界亦無人知，劉先生只通知我一人。此時劉先生所熟悉之人尚有杜維運先生。我即邀約杜兄作陪，我特請劉先生到舍下午飯。本來應

▲ 左起楊聯陞先生、劉殿爵先生、劉先生友人、王爾敏先生（1965，英國）

該由內人做些小菜，家常便飯即能接待遠來長者，而我卻是橫生主意，要請二位來客吃羊肉涮鍋，相信英國吃不到，可以新鮮一點。當然牛羊肉俱是買來切好細片。此次待客卻是弄巧成拙。先是牛肉片下鍋加上佐料種種，劉先生、杜兄俱吃下一些，接著我將羊肉放入鍋裡，劉先生立即停箸，再也吃不下。劉先生未現任何不悅，我則大感羞愧。遠道不殫越洲渡洋，到台灣以我為東主，而我反要使他受餓，真是太不會待客，心下一直愧怨，至今尚不能安心。

我自一九七七年應聘到香港中文大學任教，而劉教授雖在倫敦，卻是我的三位任職諮詢人之一。接著他在一九七八年亦受聘到中大任教，自此又能親接劉先生教益。我在中大承馬臨校長禮重關愛，備感榮幸，又得劉教授不時教誨，更是獲益至鉅。特要一敘者，則是我們一些學界朋友與劉教授定期每月餐敘一次，校內有袁鶴翔、陳善偉、李雲光、勞思光、蒙傳銘和我，港大有林天蔚、金發根，浸會有左松超，共約十人，此種聚會純為自由交談，自一九七八年一直延續至一九八九年我退休離校。以我而言，看作師友文會，以全部與會者而言，自是仰重劉先生大師典型，是以劉先生為中心，雖如一個文林雅集，當劉教授退休之後，如此集會亦並隨之離散了。

我在中文大學有幸與劉先生同事，他是講座教授又兼任文學院院長，後來任中國文化研究所所長。他很注重學術交流，因是經常邀請大陸學者來校訪問講演，所知曾邀請周祖謨、金德熙、王利器、賈蘭坡、啟功、張舜徽、朱光潛、賀麟、李學勤等（一定有不少遺漏），為此我亦多次向劉先生推荐邀請到張玉法、張存武、趙中孚、劉鳳翰、王振鵠（中央圖書館館長）、王仲孚來校講演。此外，我亦推荐丁邦新來校講演，劉先生並想留他擔任中文系系主任，而被丁兄婉拒。最重要之一件，係我推荐張春樹來中文大學任歷史系系主任，原是張兄有信表明想來中大任教，而劉先生聽信我之荐舉，要求馬臨校長請春樹來校，張做了三年歷史系主任，如此可證劉先生對我之信任。

我自非劉教授及門弟子，但自一九六三年以來，實自居私淑弟子之列。生平受益，復蒙關愛有加，實深感仰難忘。當此大師之逝，回首往昔，淡泊風骨，和藹笑貌，立即閃現腦際。於今人琴俱亡，令人傷痛悲悼，學林碩果，譯界大師，遽棄世人而去，真是重大損失。惟信大師已逝，典型猶存。當為後世學者，長久企仰，追依效法。

附記：本文所展示劉教授生活照片，一共四幀，其中兩幀承朱國藩先生寄贈，特申感謝之意。

二〇一〇年七月二十七日寫於多倫多市

原載於《傳記文學》第九十七卷第四期

懷念陳源先生談《西瀅閒話》

民國五十二年冬至五十四年秋天，旅英二年期間，大部時間住在倫敦，時常和陳通伯先生會晤。與通伯先生相識係經杜維運先生的介紹，在未到英之前，即承陳先生關照簽證及介紹學校，並指導辦理手續，受惠甚多。到英第一天，拜訪陳先生及其夫人淩叔華女士。承他們熱誠的款待。此後即多次在陳家吃飯談天，聆聽兩老的教導。

通伯先生昔年是文壇散文家，海內定評，多稱讚他的文字清淺，而意態從容。「意態從容」，實在是一個說理散文家所應具的最高修養，若讀到他的《西瀅閒話》，就會找得到這句話的證據。《西瀅閒話》是一冊時評性的散文集，為新月書店出版。後來日久絕版了。等到文星書店再版之時，好像費了極大功夫的搜尋，最後自倫大東方圖書館找到一本作依據。其實我早在二十一年前，曾在岡山鎮空軍通信學校圖書館借得閱讀一遍，至今臺灣並不是沒有原版書。學界領袖人物辛苦找材料，常不注意冷僻地方，恐怕是通例吧！在英國尚向陳先生提及他的書，陳夫人回答說正在臺北翻印，當時心下十分高興。等我回臺北以後，略加翻閱這個重印本，發現書商很不忠實的刪去幾篇，而且刪得並無道理。比如我至今仍還記得的頗為欣賞的一篇〈美國人和漫畫〉（只憑記憶）就被刪除了。實在不了解書商的用心。另外有牽連談到當今人物的，自是有意迴避的，其實也並不是嚴重的批評。商人倒會胡亂揣摩人情。總之翻版書，已經不是完整的原書，是可以確定的。

《西瀅閒話》是如何寫法，除了梁實秋先生的序文以外，就是蘇雪林女士本年（編按：一九七〇年）五月一號的一篇簡評，題目也是〈西瀅閒話〉。兩者評論的著眼點，全是就文藝立場作說詞，並及文字掌故。梁、蘇同是三十年代散文作家，批評同時代散文最為合宜，這裡不須多論。但在我個人讀書，卻注意到陳先生的思想認識和這本書的內容，於是想從這個角度去討論一下《西瀅閒話》的價值。

有一篇看似開玩笑的文章，書上「開舖子主義」。他運用拿破崙和蕭伯納的雋語，討論到英國人的基本性格，結論認為他們是「開舖子主義」。這篇簡短的時論，是為英國庚款的運用而發。雖是分析時事，卻代表他對英國認識的深刻。如果研究近代中外關係史，乃至外人在華權益，會深信陳先生這句話是一針見血。擴大來說，在今天若干工商國家的外交政策，同樣多是「開舖子主義」。我國人不能不隨時警惕，從這個角度去了解他們。事實上中國早該傾向於某種程度重商思想，以求發展。立國在世界上，若沒有廣多人才在這方面的通熟的本領，我們在對外關係上永遠是吃虧的，而且葬送了權利也不明白究竟。希望我們讀者能細細玩味這一篇所提供的教訓。

現在社會科學中有一種最流行的熱門學門，就是人口學。有一項配合國家的經濟成長的政策，就是人口政策。而人口問題嚴重的地帶，卻正是人口學不發達的國家。特別在中國來說，其嚴重程度不比印度為差，近十年來專家的警號，政府的努力，使國人上下接受了計劃生育的觀念，真是一大進步，很不容易。其實在民國十五年間，陳先生早已討論到節育問題，有兩篇文章載在《西瀅閒話》。他從教養觀點極力建議「知識階級」尤要加以節育，真是清醒理智而勇氣十足。現今風氣已成，到國外留學，研究人口問題也比較容易獲得獎學金，於是都知道問題重要了。這比起陳先生的知識眼光道德理念，真相差不知幾千萬里。

「五四」的史跡已經過去了半世紀了，「五四」的影響力更還深深的鍥入今天的文藝界與學術界。而「五四」的研究批判，除了周策縱先生一本書外，可以說儘多是留著大片空白。奉勸青年朋友，去多作發掘，必不落空。《西瀅閒話》的文字，代表這個時代中理性的精神，探討五四理性的一面，這是不可少的資料書。對於英日帝國主義，對於軍閥，對於腐化無能的北京政府，無恥的政客，柔媚的漢奸，他都給予正面的嚴厲的批評，在那種混亂動盪的世局中，《閒話》確是勇敢的表達了正義的輿論力量，代千千萬萬人出一口怨氣，這裡只是提起，希望有人就理性的觀點，對「五四運動」作一個全面的發掘。

現在可以把話題侵入到一點文藝的邊際。記得近二十年來有些劇作家很大力提倡小劇場運動，這當然是從英法戲劇傳統獲得的靈感。因為好的創作常常可以在小劇場先得到實驗。但早在一九二〇年代，陳先生也很鼓吹，在《閒話》裡有四五篇討論戲劇問題，特別是提到「小戲院運動」，並希望有「中國人自己的嘗試」。近二十年的戲劇發展，我完全陌生，只知道有這個「小劇場」運動，而一直被看重。記得一九六四年在英倫看過一次莎劇「冬天的故事」（A Winter's Tale）是在大英協會（The British Council）演出，劇場的座位約一百個左右。舞臺上全沒有布景，演員化妝和應用的衣飾道具都很簡單，但最重要的是演員的認真講究。這是一個業餘志願劇團，名叫Cygnet，演員們最注重藝術表現，選擇新舊劇本都很慎重。其形式環境雖比法國莫里哀時代在網球場演戲要好，但小劇場的傳統還是一直在英法都看得到。我國劇運尚在新生。陳先生的呼籲，仍應該被同道者努力持續，不應該鬆懈。

在若干片斷小節地方，《西瀅閒話》也吸引我不少的興趣。比如他說到法國女人長鬍鬚的事，我覺得有趣但不大相信。後來讀到袁枚的孫子袁祖志在一八八三年訪歐後的著作，在《談瀛錄》裡曾經兩次記載歐洲婦女生長鬍鬚的事，開始覺得前人的觀察細密，當不至信筆亂寫。後來有機會在英國住居，確見不少英法兩國太太小姐生長著鬑鬑鬍髯，而且年齡越大，鬍子越是虬曲粗硬。還有陳先生談到版權問題，當時他已在感嘆作者遭受的剝削，稱之為著述界的蠹蟲。殊不知在今天問題還存在著，著作權仍然絲毫沒有保障，時下學術界出現了更猖獗的「三公」，就是所謂「文抄公」、「文剪公」和「文翻公」。「文抄公」減頭去尾，七拚八湊，還費半天功夫，卻趕不上「文剪公」三刀兩剪，加上「付排」字樣，就可成書。「文翻公」則更進步，只消將原書加上自己主編，就可一夜之間完成千卷，一月之間出書千種。君不見坊間的這類主編者不是很多嗎？

在著作形式上，這裡還可以作一點常識的敘述。《西瀅閒話》現在是一本書，但在民國十四五年「現代評論」中的老根，並沒有這個名稱，只有「閒話」一欄，作者署名西瀅。書內的篇目，是集印時加上去的，老根中除「閒話」外並沒有大小標題。同時「現代評論」中「閒話」作者，不止西瀅一位，算來將近十位，而西瀅佔最先，分量最多，也最有名。西瀅除了一般的閒話以外，尚有「日本閒話」只有三數篇。有些讀者或許會對西瀅的筆戰問題有所迷惑，因為一般都知道他與魯迅有過筆戰，可是在此書中就看不出。是的，在「閒話」中並沒有顯著的筆戰，熟悉當年文壇風氣的可以看出他若干語意的反射。最明顯的一篇，載在「現代評論」六十五期，但也無法看出是不是和魯迅的筆戰，而且不在現今的《西瀅閒話》書裡。事實上真正的筆戰不在「閒話」，而在「晨報副刊」。相信研究民初文學的人會作多方面的發掘。還有一件可記的小事，少為人知，英國大文豪韋爾士（Herbert G. Wells）著世界史綱（*The Outline of World History*）有關中國史部分曾獲得不少陳先生提供的資料和意見，該書導言裡表示感謝的名單中，至今尚有陳先生的名字（L. Y. Chen），現記在這裡，為讀書多增加一點小常識。

通伯先生的夫人是淩叔華女士，眾人都不會忘記她早年的小說《花之寺》。而她近十年的作品《愛山廬夢影》更是老到，文字醇美，毫無雕琢痕跡。她的英文著作*Ancient Melodies*去年出書，英國雜誌有很好的評論。實際上她在國外始終以書畫馳名，她的名畫搜藏去年在大英藝術協會（Arts Council of Great Britain）作過展出，甚受重視。聽說她將在六月伴隨通伯先生靈骨返國，對文藝界藝術界說都是重要消息，願我們用祝福的心歡迎這位文壇前輩，並以哀戚的心悼念通伯先生。

民國五十九年五月十一日寫

淩叔華身後不寂寞

一、前言

文學家思維自由，想像繁富，可以創造人物，杜撰故事，筆下彩姿繽紛，情節委婉，誘人迷醉，而做史家則不同，一事不可虛妄，一辭不能無據。同是動筆，而志趣使命不同。質言之，史家與文家俱以深心真意談人論事，而識斷觀點則決然不同。

實際上眼前為眾人熟知的重大例子，可舉「五四運動」之辭旨意涵，站在史家立場，我自一九八〇年已寫短文〈「五四運動」的歷史實質〉，收載本年中出版拙著《隱居放言草》（二〇一二），頁九－十三，認定「五四運動」只能指民國八年五月四日所起因於在巴黎和會中，中國山東諸島及膠濟鐵路，全被日本帝國主義者強勢奪走，中國對德宣戰，而勝利之後，卻仍喪失山東領土主權，引致國人憤恨，而激起學生、教師、工人、商人以至婦女之遊行抗議。此一日以至此一年之大事，俱以「外抗強權、內除國賊」為宗旨。歷史家只能認定此為真實，有責任記載維護，以暴表當時為民族而奮鬪之國人。不過後人不斷增飾其他之運動而納進「五四運動」，乃有科學民主運動、新文學運動、白話文運動大量擠入「五四運動」。雖然俱是美好運動，實非發生在五四這一天，亦不在一九一九這一年。為何不各自獨立表達各自特色？真是不解何以全要擠在彼此不相干的一個美名之下？我為此分辨，又在兩部拙書中鄭重加以討論（近年在大陸出版）。須知，歷史重在真實，不可任意增飾，亦不可張冠李戴，史實所重，在於其之實事、實人、實時、實地之載述。無論如何美好有利，俱要各自達其宗旨、理想、事跡、資料，以至於所謂之體統。每樣運動各有來龍去脈，絕不重複，決無雷同，但願文界有所澄清。

上文嚕嗦一大篇，主要為談起淩叔華女士作前導，世人多知淩叔華是三十年代一位著名女作家，我如此說，不犯毛病。但到八十年代她已高齡，凡大陸台灣文家後學與之通信，多稱譽她為「五四運動」健將，使她很是尷尬。她在一九八六年十二月在紀念郁達夫的文章中寫道：「現在有些書店封我作五四運動健將，拒之不恭，受之有愧。其實郁達夫纔是五四運動健將。」淩女士也在另一文中提到五四運動是民國八年（一九一九），她正在天津讀師範學校，尚不過是十九歲少女，已能跟同學們有些活動。到民國十年（一九二一）她二十一歲時方考入燕京大學，此後的時間纔有文章問世，自然說不上是五四運動健將。此事主要是今人把新文學之一切俱附庸在五四運動之下而造成錯覺。如果分別看待，不至混淆，我們可以明確肯定淩叔華是三十年代傑出女作家。世人不會猶豫，淩女士亦坦然接受。如果稱譽她是新文學運動一位健將，那也實至名歸，為天下共喻。

我今要談敘淩叔華，既非在文界一行，情格勢禁，哪裡有資格撈到文學領域？我的理由是：基本上史家亦必須具文學知識，抑且有責任要載述近代文風之流變，站在史家職司立場，不能迴避論述一代文運之升降，已冒大不韙，早在去年（二〇一一）刊布拙書《中國近代之文運升降》（中華書局印行），敬請文界先進指教。此固然是文家專業，但亦在史家要負之重責，我書自具特色，我亦深具自信，願接受後聖賢明批評。

其次，我要談淩叔華蓄意甚早，在退休之後來加拿大定居，就準備寫，曾商之好友鄧偉賢先生，香港人，台大中文系畢業，比我要晚幾年，亦較我小幾歲，而在文學方面，他則飽富學養，他的老師俱是國學名家。關於文學領域，我自多向他請教。他知道我要談淩叔華，在數年前曾到香港為我搜集其著作。另外數年前我亦囑命門人宋秉仁博士在台北為我搜集淩叔華著作，而今在兩年前已大致搜齊資料，不能說齊全，實足夠參考之用。實在說門人宋秉仁是出力最大，使我手中有十幾種淩氏之著作（內有不少重複）。

歸結起來，我談淩叔華，是因為她是我難忘的一位老前輩。我於一九六三年至一九六五年留居英國倫敦二年，一到英國即拜見陳源（通伯）及淩叔華伉儷，並多次在其府上進餐受其款待，有多次見面交談，她是獨立女性，我於他夫婦俱必稱老師，敬以師長之禮，一向不能稱她陳夫人。我自不是他二人及門弟子，但我是晚一輩後生，要以分別各稱之為老師。我在一九七〇年代通伯先生去世之後，曾草撰〈懷陳源先生談西瀅閒話〉，刊布之後，也曾寄奉淩老師閱看。不過淩淑華之繪畫與文學作品我雖知道，而實未真正接觸，寫她殊不容易。而繪畫及文學我俱是外行，多年猶豫，不敢著手。遇到鄧偉賢先生，經他鼓勵，方始認真去搜尋資料。看來淩叔華生前決不會想到我會寫她，如果我竟然不寫，在良知言，我會感到有虧做人之道，無論成敗，我俱必須要冒昧一試。

一九六三年十月尾，我自台北到香港換搭英國海外航空（B.O.A.C）之慧星式噴氣客機，中經起落五次，一日夜中抵達倫敦，先住旅館，隨即前往拜望陳通伯先生伉儷。那時他們住在Swiss Cottage，有上下三層樓房。他們二人是仁厚誠懇、和藹親切長者，使我全無拘束之感。在其府上閒談用膳，亦如家常，往往亦有其他到訪賓客，在陳家亦常見到台大教授陳奇祿先生。其女公子陳小瀅亦是才女，在B.B.C.任記者，能言善道，反應敏捷，常是閒談一陣即離去作其他事，甚少留下用飯。

在此必須坦承我所知陳通伯及淩叔華十分皮相有限，只知二人是三十年代文學家，陳有著作《西瀅閒話》（未讀過），淩有小說《花之寺》（未嘗見過），其餘一切過去全無所知。相信其他到訪者俱要稍能較我知道更多。那時我仍是一個土包子。

陳通伯是聯合國教科文組織（UNESCO）中國代表，毫無官氣，一派文人氣度，我亦看不出淩叔華是豪貴門第千金小姐，她全無一毫顯露身世之意，我亦全然不知文學名家之過去。後來慢慢知道她喜愛繪畫，並工於書法，我預計將來刊印所著《晚清政治思想史論》，就請淩老師為我題此書顏。此書在台北印數千本，被香港盜印有四五千本，我後到港任教，也見到盜印者那老頭兒，他親口告知印足五千本，封面俱是有淩老師所題書名。

陳家房中備有訪客題字題畫小冊一本，淩叔華坦然拿給我看，原來多是名家手跡，見到所熟楊聯陞先生之題畫，方始知道來往賓客不少，而能題字題畫者不多。此一手冊可貴，不知後來仍存在否？

陳通伯伉儷留客用飯多在其家中，甚少出外吃飯館，惟有一次在一九六四年李卓敏先生到英國，為就任香港中文大學校長隆重作任職講演餐會，陳源先生則召陳奇祿及我二人參與盛會，餐費是由陳老師繳交。另一次由淩叔華女士作東，請宴德國一位女收藏家吃晚飯，席間又請倫敦大學東方學院李棪教授以及鄙人作陪客，是在飯館吃飯，至此我猜到淩老師要把家藏珍貴瓷器脫手賣給這位收藏家。至此我亦明白他們並不是很有錢，只是尚有一些老古董可以換錢。

有兩次她約我陪同她到銀行地下室取回一些古畫，俱都是大幅中國畫卷軸，又大又重，她那時已六十四歲，無法一人攜帶進出，我不敢大意，知道是寶重之物，也知道她對我信任。

有一次淩女士要把住處樓上一層出租，需要搬動家具床墊，一位老人無法料理，電告我前去幫忙，後來她又相告不需要了。我亦不知緣故。而可猜到出租房子乃是貼補家用，不然不會想到這樣之事。因而猜到她日用必須節儉，以免窘困。她對我客客氣氣，照顧有加，實是深心感激。

淩女士一生過去大小之事未嘗向我披露，我真是完全不知。只有一小節她在閒談中提到，在今時看來當很重要，必須向世人一提，以免除大家錯誤。淩女士無意中向我提到我中央研究院前輩淩純聲先生，她說明淩先生和她並非一個同族宗姓。她說淩先生之淩是兩點水，她自己本姓之淩是三點水。此言是我親聽她講。當時不覺奇異，但卻始終記得此說。近時廣閱有關淩叔華著作各本以及學者之討論淩叔華，絕無一人一書寫對。再加上大陸使用簡體字，此錯真難糾改。其他人可不管，而凡用心研究著作很有水準之人如陳學勇、秦賢次二人之年譜年表大著，十分用心，向來具功力。鄭麗園之長篇訪問紀錄，俱屬佳構，我敢請他們留意，訂正淩氏之宗姓。中國春秋時代已言：「名從主人，號從中國」。如要介紹淩叔華，勢須用三點水之淩字。秦賢次年表、陳學勇年譜，介紹淩女士尊人淩福彭俱正確，而獨此一淩字，只有中央研究院近代史研究所魏秀梅教授所編《清季職官表附人物錄》之書中，列出淩福彭大名俱用三點水之淩字。當今之研究者只有魏教授用字正確，盼望文家能虛心改正。我有淩叔華之手寫書信五封，其簽草書，必是三點水畫一直下之綫，自非兩點水字樣。

我當時原來所知極有限，今寫此文方始閱讀各書，一切步人後塵，但亦立意表現不同做法看法。原自居於文學外行之列，但願自史學立場一談淩叔華，但取實事，不涉文藝，或可避免捕空蹈虛之誚。

我與淩叔華師最後見面是在一九七八年，那時我已到香港中文大學，她自大陸參觀敦煌壁畫回到香港，電話告知我她所住九龍地址，我當即約定時間要在一天中午請她吃飯，同時約到港大的杜維運、莊申一同去見她。我三人聚頭之後，纔知道她住在獅子山半山，路雖寬敞而是爬坡上去。與淩老師見面，她已七十八歲而身體健朗，神情愉悅，興致勃勃的談到壁畫之精美繁富。快到中午，我感覺要帶她走路下山去吃飯，那是太折磨這位老人，由我決定不提吃飯就告辭了。我想一定使她失望而大惑不解。如此分手，終使我深心悔恨，長期想到對她不起。

二、淩叔華繪畫：根基深、見識廣、成就大

甲、拜名師、訪群賢、結緣畫會

淩叔華以文學作家馳名於世，當是名實相副，無可疑議。而看淩氏自幼至長以

至晚年，實是始終一貫之一位畫家。她的著文有長時期的間斷、停筆，而其對繪畫則無時無地而不停下寫生與鑑賞。往往有遊記描寫，亦必同時隨到之地順手寫生。讀其所有遊記散文俱可發覺她提到作採寫實景之散記。我們既承認她是文學創作家，亦得承認她是一位畫家。

淩叔華自己親自憶敘說到幼時學畫拜名師王竹林（人）及郝漱玉兩位，均是專長山水畫，郝氏是女老師，多年後在《愛山廬夢影》一文中敘兩位老師之高見，多年不忘。同一時期，又在其《淩叔華選集》後記一文，坦敘其少年時文心意趣之轉變，當直引其所言，以供作學者檢證論據，減少爭辯。其文說到：

有些「選家」好意硬派我做五四運動健將，這也使我受寵若驚。在五四時我是個中學生，正醉心古畫、古詩以及中國一切的古藝術。後來考入燕大，在報上看見冰心、胡適之的新詩，因為自己不大懂，只覺得好笑。等到二三年後（淩氏二十二歲考入燕大），自己也用語體文寫作時，卻又怕爸爸不高興，常常偷偷的藏過那本或那張有我作品的報紙或刊物。

此段話很重要，可以確信她是學畫起始甚早，而文學創作實晚至讀燕大二、三年之後。

凌叔華得名師教導打定繪畫基礎，更又結識學畫同道。凌叔華在後日回憶郁達夫一文中，連帶提及在其剛進入燕大那年，與繪畫女友江采女士一同被其畫家長輩陳師曾（衡恪）及齊白石邀請的日本畫家渡邊晨畝聚宴之事。渡邊之目的是來北京捐畫帶到日本出售，聚得畫資，用於捐賑華北旱災難民。順便說出她自己捐出一幅山水畫，竟在日本賣得一百銀元（指中國大洋圓）。看來凌氏畫藝早已在二十一歲年紀即已嶄露頭角，至少亦可看待其在國畫藝術之早慧成就，當可肯定她的藝術造詣之初階。否則何以陳師曾、齊白石會邀請他們二位女畫家作陪吃飯，豈非以畫藝同道看待？

在凌叔華之回憶記載亦並說到陳師曾等北京畫家亦在此年（民國十一年）組成北京畫會，一般聚會雅集，竟是選定凌家大書房相聚，凌氏雖年幼，而竟是結緣一代各大畫家之居停地主。如此與名家觀摩薰陶，在畫藝上豈有不長進之理。以其天才再加生長環境，真是得天獨厚，打下深厚根柢，自不待言。

真是理有固然，勢有必至。民國十二年，凌叔華方始二十三歲，與繪畫好友江南苹（江采）聯合做東邀約一個畫會，即定在凌家大書房。招請到陳師曾、陳半丁、姚茫父、齊白石、蕭厔泉、金拱北、王夢白、周養庵等，另又請到一位美國女畫家從旁參觀。淩叔華在二十年後（一九四三年）草成一長文題為：〈回憶一個畫會及幾個老畫家〉，詳細記述此一雅集，活潑生動，每人讀之皆如親歷。最中心最重要在記述八位畫家在酒宴之後，會合畫一幅小中堂，廣納八位畫家之畫，並有姚茫父題記。讀其題記即知名家表現何在，茲引據如次：

《九秋圖》，癸亥正月，半丁海棠，夢白菊，師曾秋葵，厔泉松，白石雁來紅，養庵桂花，拱北牽牛紅蓼，茫父蘭草，集於香岩精舍。叔華索而得之。茫父記。

一時名家之合作，真值珍藏。淩叔華對於姚茫父之題記書法很是鑑賞，可引來見證所記：

他的字體有點學魏碑，緊湊的聚在畫的一角，好像鐫刻在畫上，看著很襯底下的畫。我當下便接來收藏了。

此次畫會反映出淩女士的造詣眼光與識力，一代名畫家能會集其家中作畫，群賢畢至，何其難得。八位畫家之外，又有美國女畫家，又有江南苹之夫婿名收藏家吳靜庵在座。如此雅集足以上追前代古人。淩氏大文可傳之不朽，宜改題為〈九秋圖畫會序〉，足以追紹王羲之〈蘭亭集序〉，李白之〈春夜宴桃李園序〉，乃是白話文中不朽之作。至盼文界高手選解此作，作為新文學之教材。

乙、淩叔華論中國畫之理趣與特質

淩叔華天分很高，適亦生在官宦府第，富貴之門蔭，自小受環境薰陶父母調教，打下繪畫根基。雖具新女性聲名，新文學才藝，而於中國固有之繪畫藝匠，詩、書、畫三絕宗旨，則一生始終抱持，絲毫不加改易。前述與藝界名流碩彥之結緣，芳齡雙十已具畫家才女格局，敢於捐畫給日本畫家，即可知其自信之堅。

淩叔華對於國畫之鍾愛、造詣，以至其所存蓄全面體認與識見，在淩氏中年三十四歲時（一九三四）在一文中發抒而暴白於世，是即當年十月在天津《大公報》中〈藝術周刊〉刊載之〈我們怎樣看中國畫〉。（此文後來收入其一九六〇年所刊之《愛山廬夢影》中）哎呀！定此文題淺白而低調，引不起世人重視。其實此文正正確確代表淩叔華之中國畫藝理論。

她有系統的演述中國畫之特質，一切俱是自古沿承並逐步發展。文筆清淺簡明，但是積累古今名家創造智慧，引述名家論點，如數家珍，此文可貴，殊不易得，願略條舉為證。

淩氏很本分的自南齊謝赫的六法講起，提示古人早講究建造繪畫理趣，決非任意塗灑。淩氏逐步臚陳其所見，分出五個重點：

（一）氣韻與形似

淩叔華談繪畫之神韻，在指明一幅畫所表現之靈活生趣。她舉出錢選所繪《唐明皇並笛圖》，其畫將唐明皇及楊貴妃同並笛，而有宮女打板，太監起舞，透出各人神色之娛悅歡樂，充分流露動態之美，乃成傳世名作。又舉證梁楷所繪《太白行吟圖》，亦為傳世名畫。直引淩氏親筆演述謂「梁楷疏疏幾筆，已畫出一個才氣縱橫，睥睨古今的大詩人來了。他穿著大袍子，摸著鬚，眼望著天，大踏步的走著。這是一個多好的無羈無泥的才人寫照。」可見氣韻乃是畫作靈魂。當只有造詣高深有天才的畫家，纔能創出傑作。

（二）佈局

佈局一義較為具體易懂，但能申明前人觀點意旨，皆可得其概念。淩氏則舉示清初大家四王之一的王原祁意見供為論據，直引於次：

意在筆先，在畫中要訣，作畫者於搦管時須要安閒恬適，掃盡俗塲，點對素幅，凝神靜氣，看高下，審左右，幅內幅外，來路去路，胸有成竹。然後濡毫吮墨，先定氣勢，次分間架，次布疏密，次別濃淡，其為淋漓盡致無疑矣。

淩氏於佈局之說，亦多所舉證宋代畫院之要求嚴格，並舉一些畫例，得見一定布局理說，自勿須一併引證，可省篇幅。

（三）用筆用墨

淩氏談用筆提示唐人張彥遠所說用筆之關鍵，乃謂「象物必在形似，形似須全其骨氣。骨氣形似皆本於立意而歸乎用筆。」淩氏又舉宋人郭若虛論晉人顧愷之用筆，有謂：「堅勁聯綿，循環超忽，調格逸易，風趨電疾。意存筆先，畫盡意在，所以全神。」凡此說明，畫家所謂用筆，乃是運用畫筆，將其心意中山水人物花卉從手腕筆鋒印記在紙上。既是絕技，又是絕藝。

淩氏論用墨，則提示畫家之歷練可在惜墨與潑墨相反兩端，有所酌情取捨。淩氏舉示兩位名傳今古的畫家，一為李成之惜墨，一為王洽之潑墨。用墨多寡不同，而俱成就不朽之作。同時綜括畫家董其昌所指有造詣之畫家，自必洞曉惜墨及潑墨之精義。

（四）畫題及落款

中國畫一大特色是在繪畫構圖完成之後，要有題字包括畫題與落款。一般而論宋代以上未嘗有，元代方漸成風氣。畫家自己須在畫完全圖之後，再寫字題出是何樣之畫，或賦詩或簡述，並必下署自身名號，此是常情。淩叔華是十分重視，蓋言畫家須具畫藝、詩才，以及書法造詣，稱之為詩、書、畫三絕。明清以來畫家最為講求。淩氏申論此題者，乃舉實元明清名家倪雲林、徐青藤、改琦、戴醇士各家之題畫詩句以為明證，可知畫之本身喻意。

（五）士大夫畫與文人畫

淩叔華生平最重視文人畫，她自己亦是走文人畫道途。向日結識名家，實受薰陶啟發。乃其特開示畫宗一類加以陳說，於文中敘議明白。引舉明人董其昌論斷，以為見證：

董其昌在《畫禪隨筆》說：文人之畫，自王右丞始。其後董源、巨然、李成、范寬為嫡子，李龍眠、朱南宮皆以董、巨得來。至元四大家黃（公望）、王（蒙）、倪（雲林）、吳（鎮），皆其正傳。吾朝（明朝）文（徵明）、沈（周）則遠接衣鉢。

於此自明見歷來文人畫風格氣數之大概。淩氏提示，必具詩、書、畫三絕，方可具名家之聲譽。元、明以後，淩氏在董其昌之外又舉出石濤、鄭板橋、徐青藤、八大山人俱是詩、書、畫三絕。近代人則舉吳昌碩及陳衡恪二人。實則淩叔華自己亦當在文人畫之列。其畫作每必有題辭，在此可舉淩氏一首題《墨梅圖》詩：

> 粲粲梅花樹，盈盈似玉人，甘心對冰雪，不愛豔陽春。（採自陳學勇編：《中國兒女：淩叔華佚作、年譜》）

淩叔華既是畫家，而能一生中寫出博通古今之畫論，亦表現學術造詣之深厚，亦足見其偉大使命抱負。

丙、畫展推向美、英、法，成就非凡

淩叔華一生不折不扣是一位畫家，此尚平常，其實應該承認她是一位有很高造詣與成就的畫家。她一生自少至老，未嘗放棄她的繪畫，直至其最後回北京定居，常心中想到在京開畫展。尚是老驥伏櫪，志在千里。實在其辭世之前一年，仍具此堅志，真可貴也。

據陳學勇年譜記載，對日抗戰發生之前，民國二十五年（一九三六）淩氏三十六歲之年參與南京舉行之全國美術展，應是一個重要的盛會。此後抗戰時期武漢大學遷到四川樂山縣，而淩氏亦作小型個展，舉行於樂山及成都，亦當可見其在後方艱困生活之下，仍然能積極作畫，推出個人畫展，實是很不容易。

談淩叔華繪畫藝術，最重要、最值得宣述之盛舉，則是淩氏竟能將中國繪畫藝術推向國際，提供異國藝士畫家一談中國畫風，真是太不容易，最值得大書特書。但已見有秦賢次所撰《年表》，陳學勇所撰《年譜》，以及鄭麗園所作之《訪問記》。凡此資料，大多可靠。特別是秦賢次曾在一九八〇年訪問過淩女士。鄭麗園在一九八七年在《聯合報》刊布其親在倫敦訪問淩氏八次之紀錄。用以備作取材參考依據。

首先須暴表淩叔華在美國波斯頓博物館的一次畫展，為時應在五十年代前期，淩氏回憶只說一九五幾年，不能定準。為取信於世人，願直引據鄭麗園所記淩叔華之口述：

（淩）答：波斯頓畫展完全是意外。一九五幾年，我到波斯頓博物館參觀，館長富田知道我與日本畫家喬本觀雪熟，特別對我另眼相待。恰好當時在哈佛的趙元任、洪煨蓮（業）、楊聯陞在旁慫恿，於是臨時起意，短短兩三個月內準備妥當。我特別央求當時法國藝術學院院長（Andre Moroise）為我寫序。當時他提出的交換條件是我得送他一張畫。結果我畫一幅西湖水墨畫，他非常欣喜，就替我寫了很受用的序。在波斯頓畫展時，他的序的確很對美國人起了些作用。因為說實話，美國人當時連甚麼叫「文人畫」都沒概念，但他們也知道張書旗的花鳥也不能代表中國畫。我記得第一天就賣掉十七張。這實在不是件簡單事。（據陳學勇編：《淩叔華文存》，頁九七一—九七二）

看來表面簡單敘述，似此在美國展覽中國畫家作品，且由重要博物館主辦，若不具備聲望實力，實恐無法做到，此項紀錄，畫家宜視作非凡成就。衡度藝術成就，畫展應是極重要之表現。

細讀史料，可知淩叔華在美開畫展不止一次，除上述波斯頓博物館之隆重畫展外，在一九五四年十一月十八日起，淩氏尚在美國印第安納州哈倉美術學院舉辦一次個人畫展。雖不及波斯頓博物館之重要，實亦不可輕估。其事略見於陳學勇撰《淩叔華年譜》收載《中國兒女—淩叔華佚作．年譜》。陳氏並引據台灣《中央日報》消息。

最值得載述的一次畫展，乃是一九六二年淩氏六十二歲之年，在法國巴黎舉行一連三個月的畫展，宗旨正大嚴肅，展期又長（自一九六二年十二月至一九六三年二月底）。似此重要大事，自宜引據秦賢次之《年表》所記，以供識者參考：

十二月，巴黎塞祿斯璣博物館為紀念中國之友漢學家格魯塞逝世十週年，經由我駐法文化參事郭有守博士安排，洽請淩叔華將歷年珍藏之元、明、清文人畫二十多幅，以及叔華本人近作三十件在該館展出。自十二月初起展覽，迄翌年二月底結束。前後足足三個月，轟動整個巴黎美術界。巴黎「世界報」於十二月七日刊有專文，記其盛況。此外，《費加洛報》對淩叔華之畫亦多所讚揚。同時，法國電視台亦訪問淩叔華，並做為星期天之教育節目播出，為國人爭光。（引據自秦賢次撰《淩叔華年表》，收載於台北洪範文學叢書：《淩叔華小說集》）

巴黎是歐洲文化之都，可想想百年餘間我華人有誰能在此大陣仗開畫展？淩氏雖是附驥於元、明、清名家之後，而其本身畫作勢須有足夠水準，方足展示供人評鑑。看來淩氏之收藏既富，而其三十幅畫作，亦能表現造詣不凡。（關於秦賢次所記，

巴黎畫展，自註乃出於一九八〇年五月在倫敦淩氏寓所之訪問，及容天圻著《庸齋談藝錄》）

一九八三年淩叔華已八十三歲，然其寶刀未老，畫藝仍受世人看重。在此年十一月，英國牛津大學所屬之雅詩墨麟博物館（Ashmolean Museum）為慶祝該館成立三百週年舉辦一系列之紀念活動，乃即邀請淩叔華女士展出其個人及畫友之畫作，作其重要節目之一。茲轉引據秦賢次年表所載，以為徵實，提供參考：

> 十一月，英國牛津大學所屬雅詩墨麟博物館展出「淩叔華及其友人畫展」，為慶祝該館成立三百週年系列節目之一。該館地位崇高，殊少為在世畫家舉辦畫展，尤其是中國畫家，淩叔華之展出，為數十年來所僅見。

秦文自註稱，乃根據民國七十三年（一九八四）二月十四日，台北《中國時報》人間副刊所載詹火生報導：「淩叔華的牛津畫展」。無論當代文家畫家，俱應當視為難得之榮譽。

三、淩叔華寫山川，顧盼當代獨擅勝場

自民初以降，一百餘年間，專門白話詩文之家累百千計，其中女性作家出名者亦超過二十餘人。自是各有所長，展放才藝。向來開講《現代文學史》、《新文學史》以至文選家之分類藻鑑，挈長較短，鄙人非文界中人，固自不贊一辭。而作一經歷者，自亦不免就文家紀實之作，而推重淩叔華登訪名山林野之遊記。於一代群賢實難見有相同相近之文家。山川勝景，皆淩叔華步履親身瀏覽，抑且具畫家寫生素養，每遇奇景，必描寫草卷存留，使文蓄畫境，畫存詩誼。顧盼當代百年，無人可以追侔。茲敢以拙筆，略舉述其可傳世之山川遊記：

甲、登臨富士山

民國十五年（一九二六）七月十四日陳源（西瀅）與淩叔華結婚。淩氏時二十六歲，除赴江蘇無錫度蜜月外，仍居住北京。

民國十六年（一九二七）九月，陳源夫婦得北京大學支助旅費赴日本訪問一年，十月同赴日本。叔華乘機研究日本名家文學。

民國十七年（一九二八）事在七、八月間，有「東京中國青年會」召集一個登富士山遊訪團，陳西瀅及叔華即隨之參加遊山團前往，全團二十三人，只有兩位女性，一位是淩叔華，另一位是汕頭來的李女士。到富士山登臨，自須車乘轉折，尤須特備登山衣簏鞋襪，並要山上增換厚衣，抑且尚須在半山夜住小棧房一宿，中國青年團領隊自是早囑隊員，並作飯食乾糧準備。顯見是一年一次大肆經營，而非倉促就道。凡此瑣屑，淩氏大文亦加詳說，甚至途中須各雇馬匹（陳氏夫婦各乘一匹，另李女士乘一馬，有馬夫隨行）。淩叔華興致甚高，用心甚細，並攜帶寫生畫冊，有備而來。因而能夠即在八月草成大文〈登富士山〉（同年八月十八至二十五日刊布全文）。此文受文界重視，屢經選家爭載，應是山川遊記傑作。然此非同文家創作散文、小說，而是就實物、實景、實人、實事以巧筆描述，不可虛構妄造。且須令讀者亦如親歷其境，產生相同感覺。以此鑑賞淩氏文采，自可推動文心藝趣。淩叔華此篇遊記，約達七、八千字篇幅。願略舉示其載筆，以供參考：

出了松柏林子，前面路的兩旁參天的杉木筆直的對立著，我正想這些樹頂准可擎雲了，抬起頭一望，樹頂上果然有雲氣。雲的背後卻有那座超絕塵俗的富士，披了皚白的羽衣，高高踞坐在重重朵雲的上面。下面百尺多高的古杉都肅靜的立正伺候著。山後是一片淺紫色的天幕，遠處有兩三顆淡黃光的星兒，像大廟宇前面的長明燈迎風閃耀著。

此文所記明晰如畫，令人如同親見。再看淩氏山行中道簡略記下所至山腰高度及禦寒行動：

到一合目（地名）時，路頭並不多，因為有人覺得冷，都停下來加上寒衣，此地海拔五千三百多尺了，溫度與山下很不同了。

如此淡淡數語，充分反映出登山者之心情變化。

半山腰中，投宿過夜雖是客棧，況味不大如常，淩氏亦將之抄留記錄：

（山中五合目客棧）夜半醒來聽刮風聲，寒如冬月一樣。穿了絨繩織衣，蓋了厚棉被尚不覺暖。忽聽團長張君來敲門叫起來，那時已過三點，風又太大，大家均不起來，朦朧的又入夢了。

看來高山住宿，生平難得經歷，任誰也俱會深留記憶，淩氏豈會不寫入遊記之中？次日淩晨早餐之際，淩氏及時把握一覽日出景色，自亦迅速寫下這一天空瞬間景色。

吃飯時，坐在松林底的板凳上，正看東面層層的群山，含著淩晨的煙霧，露出染墨施黛靜寂的顏色。忽然群山上一抹腥血色紅光，漸漸散起來成一片橙黃，一片金黃的雲霞，天上的紫雲遠遠的散開，漸漸地與天中的青灰雲混合。

淩氏對於雲霞、日照、崇山、幽谷、湖泊、田野亦並有描述，不及一一備載。則其寫生畫稿，自當更能吸攝山川靈秀之特質。至於回顧下山之情，淩氏亦留下不少難見之苦樂經驗，亦並陳敘詳確有趣，在此不再舉示。淩叔華草撰寫之〈登富士山〉大文，它在登臨不久下筆，蓋凡登山者須在七、八兩月，其文即於八月刊布問世，自應是那時下筆成文。隨後則於九月與夫婿陳西瀅一同回國。

乙、登臨衡山

民國二十一年（一九三二），淩叔華三十二歲。在晚秋九月得一偶然機會，陪同武漢大學同事楊端六、袁昌英夫婦乘回鄉湖南長沙之便，得以登臨南嶽衡山。原始目的乃是袁昌英要為老父祈福祝壽，必須遠到衡山「祝聖寺」上功德，誦經祝禱。順此則可登臨衡山巔峰，袁老先生亦與之偕行，登臨南嶽極峰。如此美事，淩氏決意相伴同行，而陳西瀅卻未能相伴同來。此行圓滿，乃即為淩氏寫下〈衡湘四日遊記〉大文，自為文界選家收錄傳刊，甚易採讀。

淩叔華陪同楊端六、袁昌英自武昌搭乘火車赴長沙，淩氏自始即隨記一路所見以及感受，明白比較湖南田園農莊俱較湖北富裕美良。進入湖南境內，淩氏妙筆所記，如詩如畫，展現其平實自然的筆觸，請讀其所記：

這裡真是田疇整潔，阡隴分明啊！時已交冬令，水田還是長著青青的稻子，可見地土腴美得天獨厚了。金澄澄的朝陽，灑在近處的松林上，美極了。清碧的溪流，常繞著綠陰陰的竹林，竹林左右，又常見竹籬茅舍。門前有紅衣小兒嬉戲，雪白鴨子浮水，黑狗看家，牧童引著黃牛在青綠的山坡吃草。這樣好的早晨，點綴著這種鮮明的顏色，我真想搖頭朗誦：「無懷氏之民歟？葛天氏之民歟？」了。

我讀至此，敢說是筆意自然醇美，自來白話文章，前只能見《老殘遊記》之寫大明湖，能令人有親身經歷之感覺。

中國名山大川，自古早已有著聞於世的五嶽四瀆，惟此五嶽四瀆為全國性山川宗主，國家列為重大祀典，每年需有祭祀，定在春、秋兩季。天子未必主祭而須特遣大臣代天子讀祭文行祭禮。衡山為五嶽之一，明清歷派湖南巡撫到衡山登至「聖帝廟」率百官參祭南嶽以至炎帝祝融。故民間富厚之家拜山祝壽，亦當是一家隆重盛典，淩氏隨行而來，自是一大良機。

淩叔華跟隨楊端六、袁昌英夫婦以至在長沙之袁老先生，作南極老人嵩壽之祝頌，勢須輾轉舟車，過湘江奔湘潭，以登臨衡嶽，袁家早有充分準備，包括挑運行李，以及每人須僱數轎乘坐，可謂一一齊備。來回尚須住宿寺廟兩晚，自是一個大陣仗拜山活動。淩氏貪看山景，有時下轎走路，而山間匆忙兩日，仍大歎為時急促，不能博覽細觀，決心下次再來。

淩氏寫衡嶽遊記，充分流露其繪畫之深厚學養，亦表現出其廣博之文化閱歷。如此文章見功力，大抵須讀三遍，方可舉示一些其描述特點。

這裡須引舉淩氏觀覽山岳而領會到作畫的道理與意趣，甚值細讀：

> 路上念著昔人題倪雲林畫的名句：「山不清奇水不流」，忽然了悟倪畫的平淡無奇是建立在清、淡、遠三字上，他捉住這種情調，就把平凡遮上一層紗幕，那便是詩人的幻境了。在崇山峻嶺裡，不想大癡（畫家）與黃鶴山樵（畫家），卻想起平林疏遠的雲林子，卻是不常有的心情。以畫理論，這七十二峰的層層銜接，高下錯落自然之致，刻畫也怕沒有如此恰合。於此我們可以略見疏中有密，密中有疏的化工微妙，能夠會心眼前風物的，中國山水的氣韻，也可以意會到了。

淩叔華如此筆觸，描繪面前衡嶽七十二峰之重巒疊嶂，環擁中心主峰，竟會心聯想到前代大畫家等人之不朽畫作，正亦表現其閱歷之廣，領會之深，在一般文家是寫不出來的。

登衡山自是所見古蹟甚多，如鄭侯（李宓）讀書處、百步梯等等，淩氏筆下有詳細載述，不及具舉。惟袁家一眾登山客，準備充分，並乘肩輿上行，省卻勞頓，未料半日之間，到中午十二時即上達山頂「上封寺」，未料名山崇嶽如此容易到頂。山之最高處尚有大石建成之「祝融宮」以鐵瓦蓋頂，以防巨風吹翻。淩氏亦作寫生描繪，保留下古樸色調。踞此高地，下望群山環抱，乃亦記下所見：

在「祝融宮」下望群山，至為大觀，山外有山，嶺外有嶺，層層錯綜的疊著，四五層、五六層不等，山色是一層淡比一層，近的笨重如大象，如伏獅，如大水牛；遠的薄如紗絹，淡如煙霧，透如琉璃。古人作畫，說五墨並用，若指這山峰顏色，還是不夠。衡山據說有七十二峰，此刻看來恐怕不止此數。我一邊看山，口裡卻改唐句咏道：「天外千峰畫不成。」在山頂徘徊時，居然吟了一首詩，末二句記得是：「七十二峰齊俯首，依稀仙樂動天風。」

淩氏女性賦詩，讚衡嶽之巍峨，卻很表現丈夫雄姿。

他們一行登山隊伍在「上封寺」用過午餐之後，略作遊觀，即取道下山，仍乘肩輿取原路向下行。淩氏尚有興緻，一路仍記下山中松柏楓林，景色豐腴幽深。

初時登山來時，眾人路過中途之一處重地「聖帝廟」未曾停留，而下山回程中道自山頂到山腰已近黃昏，勢須停下住進「聖帝廟」，包括歇息與晚餐。此廟乃是南嶽重地，自是南嶽帝宮，清代湖南巡撫是必率文武百官代朝廷祭拜南嶽，大典在此舉行，歷來皇帝重要御碑廟中建有六、七座之多。五嶽祀典，此居其一。淩氏近晚周遊觀察不能深細，約略載敘，可供今世參考：

大殿建築極為壯麗，殿內有七十二根四五丈高的石柱，石是完整的，出在本山。湖南人都說這石的完整似乎專為建廟而生，真是奇蹟。殿之寬大，略同北平之「太和殿」。殿堂外有白石雕欄圍繞正殿，在欄杆上有石刻什錦花奔禽獸畫一塊，雕工很不錯，畫技亦不俗，約略數一數，竟有一百四十六種類。欄杆桿上端，各有小石獅一個，姿勢亦各不同，可惜未及細察一番。階上亦有浮刻龍一條，刻工不亞於北平宮殿的御階。我想再上衡山時，當設法把這些雕刻印刷出來，這種工作，是可以代表華南大部分藝術的。

淩氏此記重要，當足以供今世中國人參考回憶作深思比較了。藝匠文家必是五味雜陳。（引據淩叔華一九三二年秋日所寫〈衡湘四日遊記〉）

丙、登臨泰山兼訪曲阜

民國二十三年夏間，陳西瀅、淩叔華伉儷居住北平，在八月間，由淩氏提議想作泰山一遊。陳氏準備火車票，即定在八月二十二日啟程赴山東泰安，住宿一晚，即作登泰山之行。

淩氏文中反復提及孔子登泰山而小天下，此是文人通識。實則文家談泰山殊不簡單。在中國文化歷史一切名山大川包括崑崙，俱遠不及泰山重要，尚不止是自古為五嶽之首，孔子登臨遠居次要。根據太史公《史記》封禪書所載，齊桓公早在孔子前要去封泰山禪梁父，被管仲勸阻，意思是憑齊桓公九合諸侯一匡天下，卻仍德威尚淺，不符封泰山條件。齊桓公故未登泰山。事到秦始皇滅六國而統一寰宇，立即想到他應是最應當之帝王，有資格封泰山禪梁父。他也真的做到，在可靠歷史傳承，此是真實故事，亦即史書所見最早一位封泰山的帝王。秦始皇以後又有一位充滿自信的皇帝漢武帝也要登泰山行封禪禮，由於漢武帝在位甚久，定下每五年就登泰山一次，目的與秦始皇相同，絕對無視於山川景色，而是嚴肅的告祭上帝，德威隆重，應天命而統馭天下。漢武帝多次行封禪禮，俱載《漢書》郊祀志。

後世登泰山之皇帝，唐有玄宗，宋有真宗，若無自信，若無國泰民安，對朝臣對萬民俱是不敢造次。在帝王時代，若是重視君臨天下之功烈威儀，自以崇祀泰山行封禪禮為天命象徵。

中華民國肇建之後，封禪的神聖性消逝，而泰山之巍峨，五嶽之盛典，自在中國人心目中長期仰重。淩叔華與陳西瀅既是文家亦是學者，自然懷有親訪之心。

北伐成功之後，國家得有十年承平安定之機，戰亂之後稍得喘息，即在民國二十三年（一九三四）八月二十二日，乃乘火車赴山東泰安，作登臨泰山之舉。火車在下午五點四十到泰安，陳氏夫婦即住進車站對面賓館。淩叔華寫下其時其地情景，值得舉示一觀：

賓館在鐵路對面，客房餐室起居室陳設均現代化。值錢大房兩床連沐浴室一日五元半，單人小房二元半一日，均到次日十二時計算。房前有闊大的廊，廊前是十來畝的大草地，地上疏疏落落的種著丈多高的馬纓花塔形柏。在這翠樹碧茵掩映中，有巍峨入雲的泰岱群山作障。我們都歎說，這樣旅館無事來住也不差。

引此所記，見證當年行旅中國大致不輸於百年後水準，而環境優美，恐非今時所能追及。在文字用詞上頗值注意者是「現代化」（modernization）之出現。當時是普通話語氣，時在一九三四年八月，中國人講此話，當早於他國，其同一時期僅止有蔣廷黻及郭廷以會提到「現代化」（近代化）。能代表中國人的現代化思想之萌生，在思想上很重要，特別是今日大談現代化之學者該一讀此文。

陳氏夫婦在賓館住一晚，次早僱兩架登山軟轎，二人左右抬，中間繩編軟坐可坐一人。夫婦及一位同行伙伴各坐一轎，一起出發登山。

泰山一路古蹟碑石牌坊廟宇甚多，淩氏雖有記錄，不及多引，只能隨景稍加一提若干可也。

登山中道，至關帝廟，去廟後觀賞一處漢柏，淩氏記其景狀，引舉如次：

這棵柏只有丈多高，樹幹甚粗，頂上枝幹散開，下有木架支著，盤紆四方，足有四五丈寬。點葉葱鬱，坐在底下，曬不著日光，確是大觀。不過樹幹之大，只像北平中山公園最大的柏樹一般，看來不會是漢代的。

此處代表淩氏寫遊記之筆法，大抵平庸之處，雖有名，只三言兩語帶過。一路坊、牌樓、閣多不勝數，關帝廟太常見，是故只記漢柏，自在奇觀勝景，決不浪費墨瀋。

陳氏夫婦各乘二人軟轎上山，行速自快捷，景點亦須選擇，不重要之地即不停留。然即其文收載不少，本文亦尚須揀重要者引舉，認為更是重要，必不至浪費篇幅。陳氏夫婦借重轎夫帶領亦多步行前往尋勝。即到混亂石峻巖中來到「石經峪」（不臨山路），所採記頗值參考：

石經峪（景點名）原是一整塊十來畝大的摩崖，臥碑上刻著《金剛經》。據說這是六朝人寫的，字大如斗。又有說是王右軍手筆，也無證明。當初原有千餘字，現只存三百多。石經上面是一塊四五丈寬的短石壁，一道很寬的瀑布，噴珠濺玉的傾瀉下來。水花飛掠石經上過，水多的地方便成小澗，水少則在石上浸潤，風吹日曬，石經很受損傷，現在有好多處的石字，成片成片掉下來，如遇暴雨，山洪怒流，這石片大約要跟著泉水出山了。大多數的字都已經很模糊，有些都還清楚，形神略存，卻比看市上拓出來買的碑帖好得多。我一邊歎惜著，一邊卻須踩著字走過來走過去，心下很覺不安。唉！「安得廣廈千萬間」，遮蓋著這千年的大工作纔好呢！

淩叔華亦是書法好手，當年徐志摩墓碑，徐父曾要求由淩手寫。她上泰山、衡山，一路對於題字均注意，並指出各家高妙之點。

淩叔華一路特記泰山之上有「柏洞」一景，甚具特色，很值參考：

（右）坊後濃蔭蔽日，清翠撲人，一看路旁密密的都是百年以上的古柏。我們下轎步行，不用傘帽，更覺舒適。我常想樹木中松柏格最高，亦最可愛。人只知松柏歲寒不改氣味清芳兩點，但它的愛清潔，蟲蟻不能留，它的不附庸草木，獨能挺秀蒼勁等德，則未為人知。泰山獨多松柏，此泰山所以為泰山矣。柏洞直有二三里長，走著一點不乏，但覺悠然意遠。

淩氏以松柏之高格喻泰山之尊崇，中國三十年代文家，無人夢想得到，亦實全無此等胸懷素養。

陳氏夫婦過「中天門」轉到「雲步橋」，在此駐足頗加欣賞奇景，有筆記細表觀感：

橋是朱漆，跨山谷中，一瀑布從空飛墜，真有銀河落天之威。何人到此，俱駐足細賞。此處泉聲轟轟，因是振聾駭俗，而山石之奇趣，深澗之幽邈，人多略過，可惜極了。

她再向下另又作個人於山瀑之特愛，續記如次：

我這四五年看的瀑布不少了，在日光、在廬山，凡有瀑布的地方，只要我知道，我是不辭崎嶇路途都去一看。今天的瀑布倒只平常，但瀑布上面的峰巒草木卻是奇觀。所有崖石都是嶙峋聳削，紫黛蒼蒼，且每石必伴一松，松之妖嬌挺秀，只有宋元人能傳其神。石隙常有披離細草，迎風欲舞，這恰是在梅瞿山及石濤畫黃山山水上常見的特點。不想今天都看到了。

細較淩氏各樣不同遊記之作，此段純寫景，可說是上乘之作，須具特殊書、畫之才思，不能隨此意境。淩氏文思未盡，接著續寫更上之「對松山」，並明白說出在此用畫筆描繪所見奇景：

過「雲步橋」往上走，古磴很斜，兩旁松石奇勝，看三天也不會盡看過來。上去則為「對松山」。從前看李世倬為皇帝畫的「對松山圖」，一蒼松必伴有一奇石，以為他故意點綴的。誰知道真的如此。在兩山之間，石級約千磴，扶搖直上，直到在兩峰兀立中間的「南天門」樓。門樓是新塗朱紅色，夾在層巒疊翠，千峰萬壑中，真是奇境。因為照像不能照這樣高遠，我拿了鉛筆停足留稿。

泰山勝蹟美景殊多，一天之遊，豈能看完，陳氏夫婦實多駐步未到，筆記亦多省略，而此遊記則成後人對照憑弔之資，其作品真可傳世。本文又多略而未舉，在此殊感才短，愧對後世讀者。

西瀅、叔華夫婦及一伴行之劉先生自泰山返回泰安賓館已是傍晚，休息一宵，於次日晨五時餘乘火車赴兗州，八時左右到達，仍到賓館歇息，由其代僱三輛人力洋車，遂即出發趕去曲阜縣，目的是訪謁孔廟孔陵，包車來往一天，其價只有一元半。相距三十五里，十時左右即到曲阜，直趨孔廟孔陵。三人過孔府而不入，蓋乃衍聖公府，並非重點。淩氏記敘孔廟，可略引舉一二重點如次：

（孔廟）門內有四五百年的古柏數十株，御碑亭有七座，都是記歷代帝王重修的事，尤以康熙、乾隆為多，明代的只有一座。情陰古碑甚多，元明二代的尚可摩挲看見一點，餘者看不見甚麼了。入正門，有所謂孔子手植檜，也是後來補種的，旁有石刻為記。中間有一亭即杏壇，為孔子從前講書之處。內有金代黨懷英寫的杏壇石碑，鐵劃銀鈎，氣力很好。

凌氏隨之續記到「大成殿」之規模：

前面九根浮刻雲龍的柱子，確是神工鬼斧之作，都尚完好。這次我到曲阜目的，可說是為著這聞名千載的石柱而來，今日既來，不肯輕去，在它前後左右都攝了一影。

「大成殿」內，正中是一座刻龍的精緻神龕，內有孔子塑像及牌位。這個塑像很好，確是仁者容色。面是一團和氣而無俗鄙之狀，嘴微張露齒略帶笑容。頭上戴著十二串珠的冕旒，身穿珠黃團龍袍，中國神像露齒帶笑的，我只見這一個（佛像除外）。

須知大成殿是孔廟最重要之主體，不但陳設，其建築亦最講究。凌氏所記簡略，其可作全面參考者，須讀《山東通志》，在此不及細舉。

關於孔廟中有紀念性的古蹟，實在太多，而凌叔華則特選極重要、極著名者加以記述：

還有一殿，正中刻有乾隆寫的「萬世師表」石匾，壁上鑲有孔子周遊列國故事圖刻石，為漢代何守光畫。惜殿內太暗，約略可見。畫中章法謹嚴，人物綫條簡健，殿中列有吳道子半南宮畫孔像刻石，還有元人畫的聖行顏隨像，都是外間不輕易見的好畫，現已罩上玻璃架。周遊列國刻石已不能拓，吳道子的還有得賣。

淩氏所記對今世尚具參考性。凡此種種，僅能視作一時瀏覽，孔府、孔廟、孔陵，均各需要專門研究，後世學者博士教授，大有功課可做。不知何世能遇到高明特識之人。

陳氏夫婦出孔廟乘人力車趕到孔陵，到大門改為下車步行，亦留下大篇筆記，無法盡舉，現略舉一段代表點滴：

走進第一道門，仍是滿目柏樹，不見廟宇墓地。入大門，穿東小徑，行半里方到洙水橋，橋及牌坊俱石做，古雅可愛。再入一門，便為孔陵正門。路只有丈來寬，兩旁有石華表一對，石豹一對，有角石馬一對，石俑一對，直對中間之享殿。四面都是參天的古柏，殿後右方有數碑亭，都是為皇帝祭孔時起的。

淩氏筆記孔陵景點多見千百年古櫟，未嘗偷暇省略，但若一再引舉，則必令讀者感到煩瑣，還是誠實建議，宜讀淩氏全文，方可產生高古壯美之感受。

陳通伯、淩叔華自八月二十二日出發赴泰安要登泰山，二十三日乘轎登泰山至晚又回到泰安賓館，二十四日乘火車到兗州再乘人力車到曲阜，匆匆遊完孔廟孔林，當晚只能回宿兗州，二十五日方可乘火車再返北京。大抵二十五日到北京。而淩氏泰山曲阜遊記，即在八月二十八日寫成，此文精簡文筆，敘事繁密，古蹟、廟宇、碑碣、石雕、奇石、虬松、峰、巒、溪澗，點畫描述，極盡其趣，引述詩書繪畫大家如數家珍，如此遊記，深值反覆誦讀。環顧百年間文界，自是獨擅絕詣。

統觀上舉甲、乙、丙三節，各有淩叔華登訪名山大川遊記，俱是內容豐富，多彩多姿，而表述簡明周備，足使讀者獲致全面通澈體認，當可傳世。蓋此三文真是一代上乘遊記之作。

淩氏尚有一篇自敘愛山之作，乃其積生平愛好與履踐，寫出《愛山廬夢影》，時近花甲之年，回頭顧盼，作一總結，勢須連帶一覽。

淩叔華乃寫遊記高手，在其任教南洋大學之時，遊訪檳城，此非登山，但走訪海上小島，乃有〈記我所知道的檳城〉，此亦可算是遊記小品，讀之趣味盎然。

從淩氏文字自述中，能偶見其在英國亦到訪英格蘭之「湖區」（Lake District）乃是專有名詞，有高山大湖，鄙人亦曾步行登至山頂，亦在山下乘大渡輪越過湖區。淩氏亦提及曾到蘇格蘭遊「理夢湖」（Loch Lomond）並亦登山，真了不起，蘇格蘭山高而險，我不敢去，只到過Loch Lomond，但我譯稱之為洛莽湖，蘇格蘭有八個Loch，要以洛莽湖為最大最美最有名。我到湖邊只能瞭望一番，不敢遊湖，亦不敢入森林，更是不敢登山，必須參加多人團體行動方能安全入山。洛莽湖自是浩瀚可觀。

四、餘論

我不是文家，學的是歷史，我今下筆談論淩叔華，是刻意不涉談文學問題。因為自三十年代以至二十世紀來，甚至再到近今二十一世紀，所有談淩女士者，俱出於文界，僅有一位鄭麗園是新聞界。一般重點全集中於談論淩叔華之文學作品以至女作家之文學風格及文學造詣，在文學領域中有眾多高手名家以及專門致力於女作家之研究。這部分已不需要一味再反覆淘洗。因是凡關文學論域，我是不贊一辭，不趕潮流風氣。

我是以史家立場專業而談論淩叔華生平所具之特出造詣，以肯定其成就。是一種治史手法，所談必得是真人、真事、真時、真地、真景、真情。既要寫出，即須負起運筆之責任。我亦自信寫法與眾不同，拜請識家驗看。

我在文中專章論述淩叔華是一位造詣深厚、見識廣博的畫家，所畫作品可以在英、法、美各國開畫展，二十世紀中國畫家能夠打入國際者能有幾人？作此暴表，非妄造，非猜測，當求識家肯定我之大膽論斷。

本文提論淩叔華三篇登訪名山之作，推稱為二十世紀獨擅勝場，其作品有價值足可傳世，此則有實在根據，只是宣言，未加溢美，似此特色，自當使世人知道。

淩叔華不光只是作家、畫家，她亦是學者，曾任教燕京大學、南洋大學以及加拿大多倫多大學客座教授，俱是事實，必須提示。

我比陳通伯先生、淩叔華女士晚一個世代，在旅英訪問期間（一九六三－一九六五）甚得二位照顧，常在其府上用飯，乃尊稱他們為老師，淩女士售賣家中名貴瓷器，她招待買主一德國老婦，在飯館亦招我來作陪，可知厚待於我。一九七八年她七八高齡過香港，我本欲請她吃飯，但見其住在獅子山半山，怎可使她跟我們走山路，因是使她不能同來，此是吾之爽約，心下長久不安，今寫此文，正要彌補罪過。幸能就歷史觀點就手據史料載述，自無蹈虛之蔽，亦無誇飾之嫌。識者當能曲諒。

在一九六五年九月下旬，我要離英返台之時，淩叔華女士託我做兩件事。其一是帶少量美金，是還給陳奇祿教授為她購物之款。其二，是淩女士將昔日在武昌時齊白石先生畫一幅扇面給她，這扇面最多寬展十餘吋，上下距約五吋。她將之照相縮成四分之一大。要做成greetings card，要我帶到台北交商家景印彩色版。我託人找印刷廠印，忘記多少封及多少錢，她告知陳通伯先生寄美金來，但她看所印並不滿意。由於縮小景印，把齊白石簽名「璜」字印得不清，她有信說到，此類greetings card是用在英國，因是淩氏將齊白石在畫上題字俱譯成英文，她這張英文打字譯稿及塗改字跡，俱尚在我處保存，可以與其來信對照。我做事無能，未能使她滿意，亦是我長久內疚之事。

我手中原存有六件淩叔華親筆來信，另一張打字翻譯紙條。其中有四封是郵簡，看其背後，俱保有發信地點時間。有一簡所蓋郵戳，是一九六六年十二月二十四日在加拿大多倫多寄出，十分清楚。現已捐出。

最後，有一些冒昧不恭之話相告文界各朋友，淩叔華本姓三點水淩字，不是兩點水凌字，確是淩叔華親口相告。我查魏秀梅教授所編《清季職官表，附人物錄》所見順天府尹淩福彭（叔華之父親）正是三點水淩字，再查其他字書，在三國時期，吳國有大將淩統，亦是三點水淩字，奉勸研究淩叔華之名家，速為改正。想想研究其人，而把其人姓名弄錯，說得過去嗎？

當代對於淩叔華生平與著作下功力最深者有傅光明、陳學勇、秦賢次三人，尤以陳學勇為之出書《淩叔華文存》及《中國兒女・淩叔華佚作》兩種，已是洋洋大觀，並撰附《淩叔華年譜》一篇有巨大篇幅，可推為首屈一指，我自佩服。但在其《淩叔華文存》六二三頁，淩氏遊衡山，順口引念陶潛之文：「無懷氏之民歟？葛天氏之民歟？」把葛天寫成萬天又用簡體字，勢須更改。陳學勇著《淩叔華文存》二冊，寫一篇後記，頗見功力，語亦中肯。只是文中數次提到淩氏擅寫「悼亡」之文，看來並不算錯，惟自唐代以降以至清末，「悼亡」一辭是專指夫妻任一方死而作之追悼，特別更多指男士悼亡妻，奉勸陳先生作一修辭方好。

台灣新聞界鄭麗園在一九八七年到敦倫專門訪問淩女士八次，撰訪談紀錄在《聯合報》發表，內容翔實細緻，厥功甚偉。惟其文中將前外交部次長時昭瀛記為石昭瀛，將駐日大使陳之邁記為陳方邁，二者均須改正。此皆純出善意要求，非挑毛病，尚乞鑒諒。

三十年代以來，涉談淩叔華者眾矣，僅止鄙人出身史界，愛惜羽毛，自重墨瀋。篤實敘議，不炫文彩。謹慎實事，備為識家採擇，如得同道指教，尤深致馨祝。

最後聲明，多年前承好友詩家鄧偉賢先生督勸鼓勵，要我一論女作家淩叔華，隨後他在香港為我找些材料。我則又囑門人宋秉仁教授代我收購淩氏大作得到十餘種，方能在本年最後三個月完成拙文，特申敘感謝之忱。

二〇一二年十二月十四日寫於多倫多柳谷草堂

Do人物50　PC0437

先生之風

──郭廷以、王德昭、王叔岷、劉殿爵、淩叔華等名家群像

作　　者／王爾敏
責任編輯／鄭伊庭
圖文排版／楊家齊
封面設計／王嵩賀

出版策劃／獨立作家
發 行 人／宋政坤
法律顧問／毛國樑　律師
製作發行／秀威資訊科技股份有限公司
地址：114 台北市內湖區瑞光路76巷65號1樓
電話：+886-2-2796-3638　傳真：+886-2-2796-1377
服務信箱：service@showwe.com.tw
展售門市／國家書店【松江門市】
地址：104 台北市中山區松江路209號1樓
電話：+886-2-2518-0207　傳真：+886-2-2518-0778
網路訂購／秀威網路書店：https://store.showwe.tw
國家網路書店：https://www.govbooks.com.tw

出版日期／2015年11月　BOD一版　**定價**／300元

|獨立|作家|
Independent Author

寫自己的故事，唱自己的歌

先生之風：郭廷以、王德昭、王叔岷、劉殿爵、淩叔華等名
家群像 / 王爾敏著. -- 一版. -- 臺北市：獨立作家,
2015.11
面； 公分
BOD版
ISBN 978-986-92257-2-4(平裝)

1. 傳記 2. 中國

782.18 104019939

國家圖書館出版品預行編目

讀者回函卡

感謝您購買本書，為提升服務品質，請填妥以下資料，將讀者回函卡直接寄回或傳真本公司，收到您的寶貴意見後，我們會收藏記錄及檢討，謝謝！如您需要了解本公司最新出版書目、購書優惠或企劃活動，歡迎您上網查詢或下載相關資料：http:// www.showwe.com.tw

您購買的書名：______________________________

出生日期：________年________月________日

學歷：□高中（含）以下　□大專　□研究所（含）以上

職業：□製造業　□金融業　□資訊業　□軍警　□傳播業　□自由業

□服務業　□公務員　□教職　□學生　□家管　□其它_____

購書地點：□網路書店　□實體書店　□書展　□郵購　□贈閱　□其他

您從何得知本書的消息？

□網路書店　□實體書店　□網路搜尋　□電子報　□書訊　□雜誌

□傳播媒體　□親友推薦　□網站推薦　□部落格　□其他__________

您對本書的評價：（請填代號　1.非常滿意　2.滿意　3.尚可　4.再改進）

封面設計____　版面編排____　內容____　文／譯筆____　價格____

讀完書後您覺得：

□很有收穫　□有收穫　□收穫不多　□沒收穫

對我們的建議：______________________________

____

____

____

請貼
郵票

11466
台北市內湖區瑞光路 76 巷 65 號 1 樓
獨立作家讀者服務部 收

（請沿線對折寄回，謝謝！）

姓　　名：____________ 年齡：________ 性別：□女　□男

郵遞區號：□□□□□

地　　址：____________________

聯絡電話：(日) ____________ (夜) ____________

E-mail：____________________